1日10分

10歳までに身につけたい言葉力1100

「知ってることば」がぐんぐん増える！

Gakken

言葉を伝える

アクセス教育情報センター所長　浅見 均

　文化庁の国語に関する世論調査によると、「敷居が高い」の意味を「高級すぎて入りにくい」と取る人は、本来の「相手に不義理をして行きにくい」と取る人の二倍近くいます。また、「がぜんやる気が出る」の「がぜん」の意味も、「とても。大いに」と取る人が、本来の「急に。突然」と取る人の三倍近くになっています。言葉の意味や使い方が時代とともに変わって行くのは、仕方のないことかもしれません。しかし、言葉の本来の意味や使い方を知っているのとそうでないのとでは、伝える内容や受け取る内容が違ってきます。

　また、最近の子どもたちを見ていると、使える言葉の数が少なくなっていると感じます。スマートフォン等の普及により、子どもがじっくり本を読む時間や、ご家庭での会話の時間が減っているせいかもしれません。

　言葉は、自分の思いや考えを相手に正確に伝え、相手の伝えたいことを正しく理解するためのコミュニケーションの手段であるとともに、自分の考えを深めるための道具にもなります。したがって、言葉の力をつければつけるほど、自分の可能性が広がっていくのです。

　私たちは、学校での学習や読書など、生活の中のいろいろな場面を通じて言葉の意味や使い方を身につけます。その中でも私が大きな影響を受けたのは、普段、自分の周りにいる大人たちが使っている言葉でした。どういう状況でどんな言葉を使うかを目の当たりにし、言葉の奥にある考え方や、言葉から垣間見られる生き方も一緒に学んできたように思います。そういった意味で、言葉にはその人の成長の歴史が表れるともいえます。

　本書では、小学校低学年から中学年のうちに身につけておきたい基本的な言葉を中心に取り上げています。また、コラムを設けて、「暮らしと自然」に関する言葉を紹介しています。保護者の皆さんもこうした、日本語として長く使われてきた言葉を思い起こしていただき、お子さんとの会話の中に取り入れてみてください。既刊の、小学校高学年を対象にした「言葉力１２００」同様、言葉の意味を知識として覚えるだけではなく、生きた使い方ができるように工夫してあります。本書を問題集としてお子さんに与えるだけでなく、言葉を伝えるための会話の題材として利用していただきたいと思います。本書が、子どもたちにとって言葉の豊かさを知るための第一歩となれば幸いです。

この本の特長

1 10歳までに覚えておきたい「キーワード」を、1100語選びました。

2 1100の言葉を、「名前の言葉」「動き・様子の言葉」「表現を豊かにする言葉」の三つのカテゴリーに分けました。

名前の言葉
「すみか」「干ばつ」「天敵」「人だかり」「主題」などを覚えましょう。

動き・様子の言葉
「かえりみる」「営む」「やり過ごす」「仕留める」など、人や生きものの動きやようすを表す言葉を覚えましょう。

表現を豊かにする言葉
「～ざるをえない」「いわゆる」「一目置く」など、表現をさらに豊かにする言葉を覚えましょう。

3 コラムでは、「暮らしの言葉」「自然の言葉」を解説しています。

4 全ての漢字に読みがなをつけています。

---

5 自分の状況に応じた学習の進め方ができます。

◉言葉の力をしっかり身につけたい！
「名前の言葉」から順に、「動き・様子の言葉」「表現を豊かにする言葉」と進んでください。

◉擬音語・擬態語・慣用句が苦手……
「名前の言葉」の後に、「表現を豊かにする言葉」を集中的に学習してください。

毎日学習すれば、
3か月から4か月弱でひととおり終了します。
知らなかった言葉は、
繰り返し学習して確実に身につけましょう。

この本の使い方

確認のページ

①まず、言葉とその意味を覚えます。言葉の意味は代表的なものを示しています。

②覚えた言葉を、例文の(　　)に当てはめていきます。実際に書くことで、言葉がしっかりと身につきます。

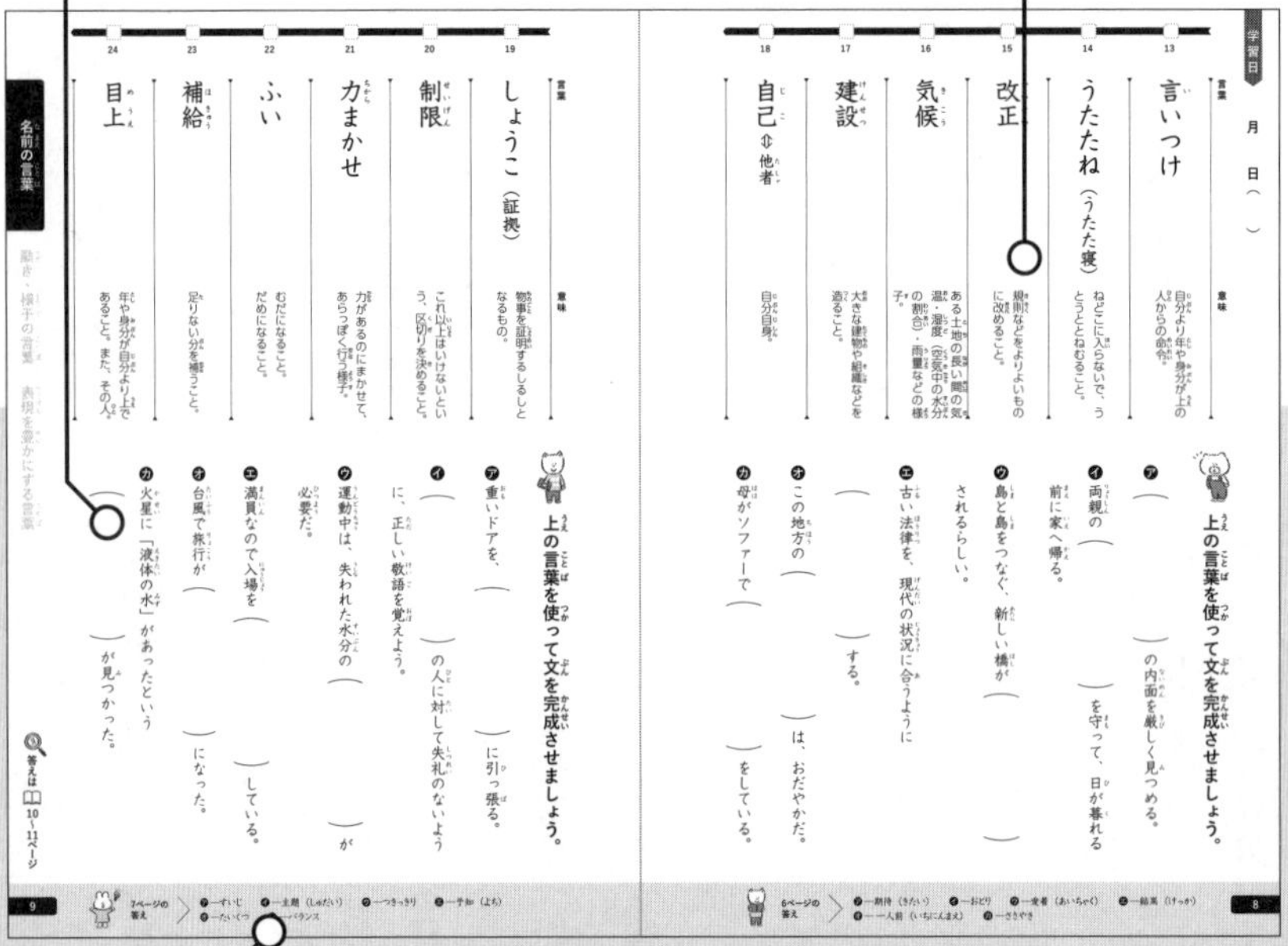

③②の答えは、次の見開きにあります。問題を解いたら、すぐに答え合わせをしましょう。まちがえた問題は、あとでもう一度チャレンジしましょう。

コラム「暮らしと自然の言葉を覚えよう」

①コラムのページでは、解説を読んで「暮らしの言葉」や「自然の言葉」を覚えましょう。

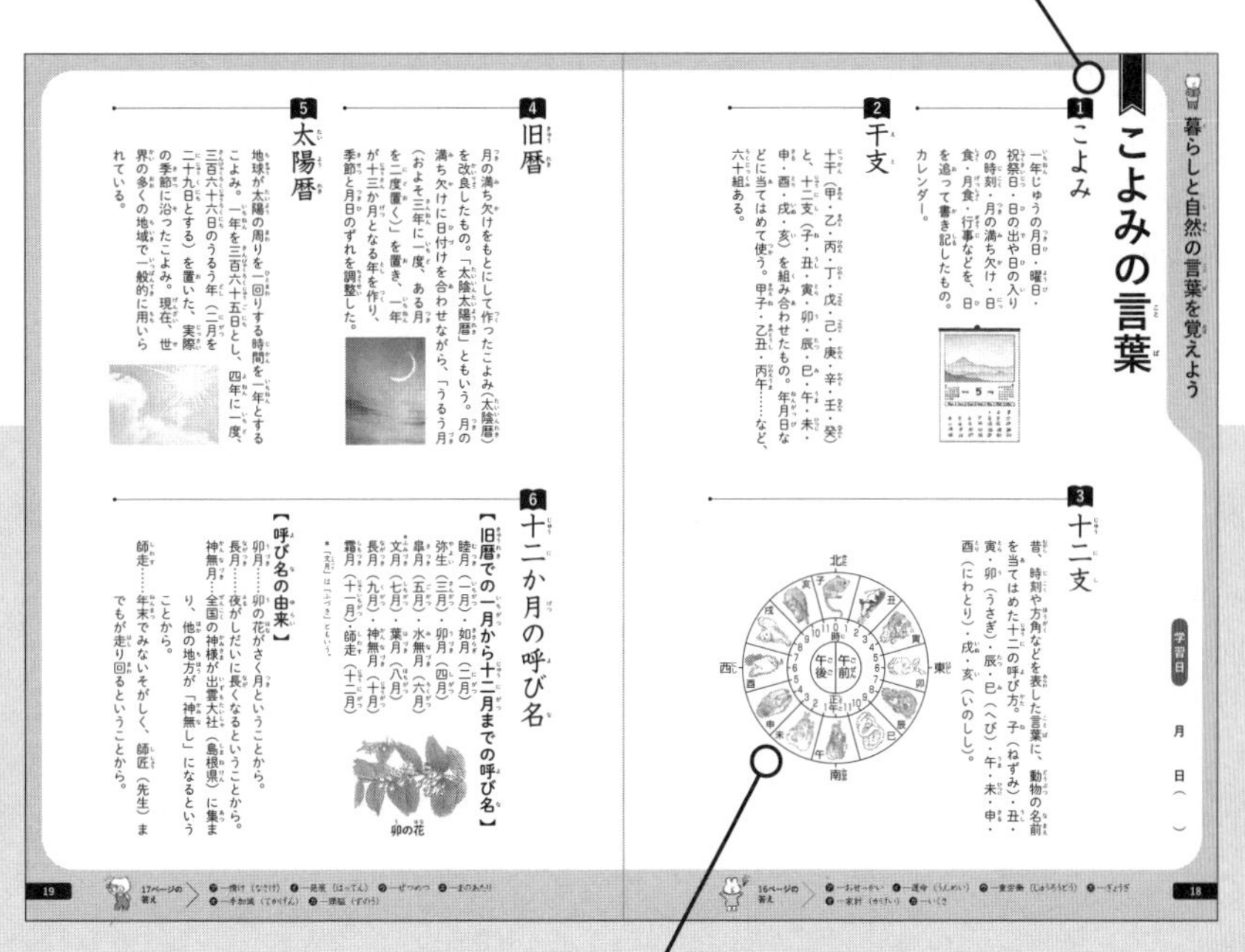

暮らしと自然の言葉を覚えよう

こよみの言葉

1 こよみ

一年じゅうの月日・曜日・祝祭日・日の出や日の入りの時刻・月の満ち欠け・日食・月食・行事などを、日を追って書き記したもの。カレンダー。

2 干支

十干（甲・乙・丙・丁・戊・己・庚・辛・壬・癸）と、十二支（子・丑・寅・卯・辰・巳・午・未・申・酉・戌・亥）を組み合わせたもの。年月日などに当てはめて使う。甲子・乙丑・丙午……など、六十組ある。

3 十二支

昔、時刻や方角などを表した言葉に、動物の名前を当てはめた十二の呼び方。子（ねずみ）・丑・寅・卯（うさぎ）・辰・巳（へび）・午・未・申・酉（にわとり）・戌・亥（いのしし）。

学習日　月　日（　）

4 旧暦

月の満ち欠けをもとにして作ったこよみ（太陰暦）を改良したもの。「太陰太陽暦」ともいう。月の満ち欠けに日付けを合わせながら、「うるう月（およそ三年に一度、ある月を二度置く）」を置き、一年が十三か月となる年を作り、季節と月日のずれを調整した。

5 太陽暦

地球が太陽の周りを一回りする時間を一年とするこよみ。一年を三百六十五日とし、四年に一度、三百六十六日のうるう年（二月を二十九日とする）を置いた、実際の季節に沿ったこよみ。現在、世界の多くの地域で一般的に用いられている。

6 十二か月の呼び名

【旧暦での一月から十二月までの呼び名】

睦月（一月）・如月（二月）
弥生（三月）・卯月（四月）
皐月（五月）・水無月（六月）
文月（七月）・葉月（八月）
長月（九月）・神無月（十月）
霜月（十一月）・師走（十二月）

＊「文月」は「ふづき」ともいう。

卯の花

【呼び名の由来】

卯月……卯の花がさく月ということから。
長月……夜がしだいに長くなるということから。
神無月…全国の神様が出雲大社（島根県）に集まり、他の地方が「神無し」になるということから。
師走……年末でみないそがしく、師匠（先生）までもが走り回るということから。

②イメージしやすいように、一部の言葉には、解説とともにイラストや図も入れています。よく見て理解しましょう。

	言葉	意味
1	愛着	強く心が引かれて、はなれにくく思うこと。
2	一人前	ひととおりのことができるうで前をもつこと。
3	おとり	さそい寄せるために利用する物や人。
4	期待⇔失望	当てにして待つこと。
5	結果⇔原因	あることをしたために起こった事がら。
6	ささやき	小声でひそひそと話すこと。

上の言葉を使って文を完成させましょう。

ア　応えんしているチームが（　　　　）どおりに優勝した。

イ　（　　　　）を使ってえものをつかまえる。

ウ　苦労して仕上げた作品なので、とても（　　　　）がある。

エ　調査の（　　　　）を発表する。

オ　兄は、（　　　　）のコックになるため、レストランで働いている。

カ　開演前の劇場内で、観客たちの（　　　　）が聞こえる。

	言葉	意味
7	主題	作品・文章などの中心になっている考えや事がら。
8	すいじ（炊事）	食べ物をにたり焼いたりすること。
9	たいくつ（退屈）	何もすることがなくて、つまらないこと。
10	つきっきり	いつもそばにつきそっていること。
11	バランス	つりあい。また、つりあいがとれていること。
12	予知	前もって知ること。

上の言葉を使って文を完成させましょう。

ア キャンプで、朝食の（　　　）当番を引き受ける。

イ この本の（　　　）は、世界平和だ。

ウ かぜをひいて高い熱が出たので、母が一晩中（　　　）で看病してくれた。

エ 地しんの（　　　）はどこまで可能なのか、研究が進められている。

オ （　　　）をまぎらすためにテレビを見る。

カ 栄養の（　　　）のとれた食事をする。

答えは 8～9ページ

	言葉	意味
13	言いつけ	自分より年や身分が上の人からの命令。
14	うたたね（うたた寝）	ねどこに入らないで、うとうとねむること。
15	改正	規則などをよりよいものに改めること。
16	気候	ある土地の長い間の気温・湿度（空気中の水分の割合）・雨量などの様子。
17	建設	大きな建物や組織などを造ること。
18	自己⇔他者	自分自身。

上の言葉を使って文を完成させましょう。

ア（　　　　）の内面を厳しく見つめる。

イ 両親の（　　　　）を守って、日が暮れる前に家へ帰る。

ウ 島と島をつなぐ、新しい橋が（　　　　）されるらしい。

エ 古い法律を、現代の状況に合うように（　　　　）する。

オ この地方の（　　　　）は、おだやかだ。

カ 母がソファーで（　　　　）をしている。

6ページの答え　ア─期待（きたい）　イ─おとり　ウ─愛着（あいちゃく）　エ─結果（けっか）　オ─一人前（いちにんまえ）　カ─ささやき

	言葉	意味
19	しょうこ（証拠）	物事を証明するしるしとなるもの。
20	制限	これ以上はいけないという、区切りを決めること。
21	力まかせ	力があるのにまかせて、あらっぽく行う様子。
22	ふい	むだになること。だめになること。
23	補給	足りない分を補うこと。
24	目上	年や身分が自分より上であること。また、その人。

上の言葉を使って文を完成させましょう。

ア 重いドアを、（　　）に引っ張る。

イ （　　）の人に対して失礼のないように、正しい敬語を覚えよう。

ウ 運動中は、失われた水分の（　　）が必要だ。

エ 満員なので入場を（　　）している。

オ 台風で旅行が（　　）になった。

カ 火星に「液体の水」があったという（　　）が見つかった。

答えは 10～11ページ

7ページの答え
ア—すいじ　イ—主題（しゅだい）　ウ—つきっきり　エ—予知（よち）　オ—たいくつ　カ—バランス

	言葉	意味
25	当てつけ	はっきりと言わずに、遠回しに相手を責めたり悪く言ったりすること。
26	えりすぐり	多くのものの中から選び出した、特によいもの。
27	かちく（家畜）	人の暮らしに役立てるために飼われている動物。
28	協力	周囲の人々と力や心を合わせること。
29	困難	行うことが難しくて苦しむこと。
30	しゅうかく（収穫）	農作物を取り入れること。

上の言葉を使って文を完成させましょう。

ア 多くの作品の中から（　　　）の名作が展示されている。

イ ゲームばかりしている私への（　　　）のように、母は手伝いをよくするいとこをほめた。

ウ 秋は、ぶどうの（　　　）の季節だ。

エ 牛やブタなどは（　　　）とよばれる。

オ いろいろな（　　　）を乗りこえて、ついに実験は成功した。

カ クラス全員で（　　　）して、作業する。

8ページの答え
ア—自己（じこ）　イ—言いつけ（いいつけ）　ウ—建設（けんせつ）
エ—改正（かいせい）　オ—気候（きこう）　カ—うたたね

	言葉	意味
31	水平線	海の上で、空と海の境として見える線。
32	体験	自分自身で実際にやってみること。また、やってみたこと。
33	通知	必要な事がらを知らせること。
34	内心	表面に表れない本当の気持ち。
35	ふち（縁）	物のはし。へり。
36	無実	罪になるようなことをしていないのに、罪があるとされること。

上の言葉を使って文を完成させましょう。

ア 試験結果の（　　　　）を受け取る。

イ 白い船が（　　　　）のかなたに消える。

ウ コップが落ちて、（　　　　）が欠けてしまった。

エ ほめられて、（　　　　）はとてもうれしかったが、表情には出さなかった。

オ 裁判で自分の（　　　　）をうったえる。

カ 人間は、いろいろな（　　　　）をすることで成長していく。

答えは 12〜13ページ

9ページの答え
ア―力まかせ（ちからまかせ）　イ―目上（めうえ）　ウ―補給（ほきゅう）
エ―制限（せいげん）　オ―ふい　カ―しょうこ

	言葉	意味
37	あお向け⇕うつぶせ	体や顔を上に向けた状態。
38	いせい（威勢）	物事をする勢い。元気。
39	おだちん（お駄賃）	使いや手伝いをしたお礼として、子どもにあたえるお金。
40	近年	近ごろ。この二、三年。
41	こうかい（後悔）	すでに済んだことを、後で残念に思うこと。
42	しげき（刺激）	目・耳・鼻・口・ひふなどの神経に強く感じさせること。また、その感じ。

上の言葉を使って文を完成させましょう。

ア （　　　　）は、インターネットを使って買い物をすることが当たり前になりつつある。

イ お使いをしたら母が（　　　　）をくれた。

ウ この料理は、とても（　　　　）が強いので、小さな子どもは食べられない。

エ 野原で（　　　　）になり、空を見上げる。

オ （　　　　）しないように、毎日努力する。

カ 市場では、朝早くから（　　　　）のよい声がひびきわたっている。

	言葉	意味
43	進歩（しんぽ）	物事がよいほうへ進むこと。
44	接続（せつぞく）	物をつなぐこと。つながること。
45	地方（ちほう）	大きな都市からはなれたところ。いなか。
46	天敵（てんてき）	ある動物にとっての、自分をえさとする動物。
47	日だまり（ひだまり）	日がよく当たって、暖かいところ。
48	分担（ぶんたん）	仕事や費用などを、分けて受けもつこと。

上の言葉を使って文を完成させましょう。

ア 都会よりも（　　　）のほうが、物の値段は安いようだ。

イ 科学は、常に（　　　）し続けている。

ウ 家族で（　　　）を決めてそうじをする。

エ パソコンをインターネットに（　　　）する。

オ テントウムシは、植物のしるを吸うアブラムシの（　　　）だ。

カ （　　　）で、ねこがひるねしている。

答えは 14〜15ページ

11ページの答え
ア—通知（つうち）　イ—水平線（すいへいせん）　ウ—ふち　エ—内心（ないしん）
オ—無実（むじつ）　カ—体験（たいけん）

番号	言葉	意味
49	足どり	足の運び方。歩調。
50	いしょう（衣装）	着物。衣服。
51	大筋	だいたいの内容。基本的なところ。
52	ぎせい（犠牲）	ある目的のために、自分の大切なものを投げ出すこと。
53	空想	実際には起こりそうもないことを考えること。
54	車両	列車・電車・自動車などの、貨物や客を運ぶための車輪の付いた車のこと。

上の言葉を使って文を完成させましょう。

ア 駅員が、電車の（　　　）を点検する。

イ 村祭りの計画の（　　　）がまとまる。

ウ 宝くじで一等が当たったら何を買おうかと（　　　）にふける。

エ 今日はとてもいいことがあったので、（　　　）も軽く家に帰った。

オ 母が、妹の発表会用の（　　　）を作る。

カ 社長は、会社を守るために、非常に多くの（　　　）をはらった。

12ページの答え　ア―近年（きんねん）　イ―おだちん　ウ―しげき　エ―あお向け（あおむけ）　オ―こうかい　カ―いせい

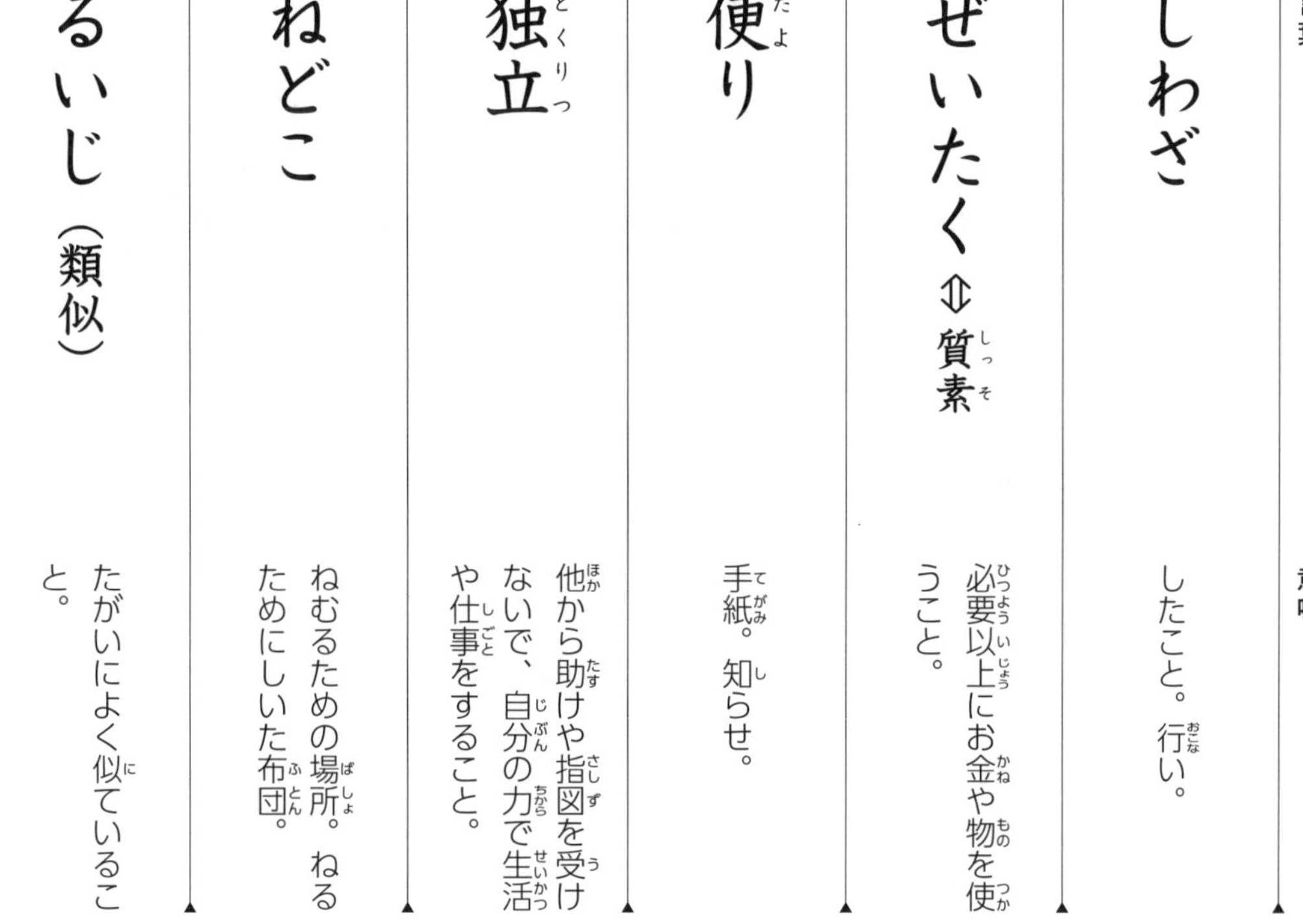

	言葉	意味
55	しわざ	したこと。行い。
56	ぜいたく ⇕ 質素	必要以上にお金や物を使うこと。
57	便り	手紙。知らせ。
58	独立	他から助けや指図を受けないで、自分の力で生活や仕事をすること。
59	ねどこ	ねむるための場所。ねるためにしいた布団。
60	るいじ（類似）	たがいによく似ていること。

上の言葉を使って文を完成させましょう。

ア 王様が（　　）の限りをつくして建てた城がそびえる。

イ つかれたので、早めに（　　）に入る。

ウ 友人から、地区の水泳大会で優勝したという、うれしい（　　）が届いた。

エ このいたずらは、弟の（　　）だろう。

オ 二つの文章には（　　）した表現が多い。

カ おじは、働いていた店から（　　）して、新しく店を開いた。

答えは 16〜17ページ

13ページの答え
ア―地方（ちほう）　イ―進歩（しんぽ）　ウ―分担（ぶんたん）
エ―接続（せつぞく）　オ―天敵（てんてき）　カ―日だまり（ひだまり）

	言葉	意味
61	いくさ（戦）	（やや古い言い方で）戦い。戦争。
62	運命	人の力ではどうすることもできない、幸せや不幸などのめぐり合わせ。
63	おせっかい	余計な世話をすること。また、その人。
64	家計	暮らしを支えるお金のやりくり。
65	ぎょうぎ（行儀）	れいぎの面から見た、動作のしかた。
66	重労働	体を激しく使う仕事。力仕事。

上の言葉を使って文を完成させましょう。

ア　あまり（　　　）を焼かないでほしい。

イ　（　　　）のいたずらによってはなればなれになっていた親子が、再会を果たす。

ウ　大木を切りたおす（　　　）をこなす。

エ　その子どもたちは、とても（　　　）がよかった。

オ　食料品の値上げが（　　　）にひびく。

カ　（　　　）が長引いたことによって、美しい都があれ果ててしまった。

14ページの答え　ア―車両（しゃりょう）　イ―大筋（おおすじ）　ウ―空想（くうそう）　エ―足どり（あしどり）　オ―いしょう　カ―ぎせい

	言葉	意味
67	頭脳	物事を考える頭の働き。
68	ぜつめつ（絶滅）	生物などがすっかりほろびてなくなること。
69	手加減	場合に合わせて、ほどよくあつかうこと。
70	情け	相手を思いやる温かい気持ち。思いやり。
71	発展⇔すいたい（衰退）	勢いがよくなり、栄えていくこと。または、物事が次の段階に進むこと。
72	まのあたり（目の当たり）	目の前。眼前。

上の言葉を使って文を完成させましょう。

ア わなにかかった子だぬきに（　　　）をかけて、山に放してやった。

イ 鉄道が通って、町が（　　　）をとげる。

ウ 世界には、（　　　）のおそれのある動物がたくさんいる。

エ 交通事故を（　　　）にして、あわてる。

オ 自分より年下の相手だからといって、試合で（　　　）をするつもりはない。

カ すぐれた（　　　）の持ち主が集まる。

答えは 18～19ページ

名前の言葉　動き・様子の言葉　表現を豊かにする言葉

15ページの答え　ア—ぜいたく　イ—ねどこ　ウ—便り（たより）　エ—しわざ　オ—るいじ　カ—独立（どくりつ）

こよみの言葉

1 こよみ

一年じゅうの月日・曜日・祝祭日・日の出や日の入りの時刻・月の満ち欠け・日食・月食・行事などを、日を追って書き記したもの。カレンダー。

2 干支

十干（甲・乙・丙・丁・戊・己・庚・辛・壬・癸）と、十二支（子・丑・寅・卯・辰・巳・午・未・申・酉・戌・亥）を組み合わせたもの。年月日などに当てはめて使う。甲子・乙丑・丙午……など、六十組ある。

3 十二支

昔、時刻や方角などを表した言葉に、動物の名前を当てはめた十二の呼び方。子（ねずみ）・丑・寅・卯（うさぎ）・辰・巳（へび）・午・未・申・酉（にわとり）・戌・亥（いのしし）。

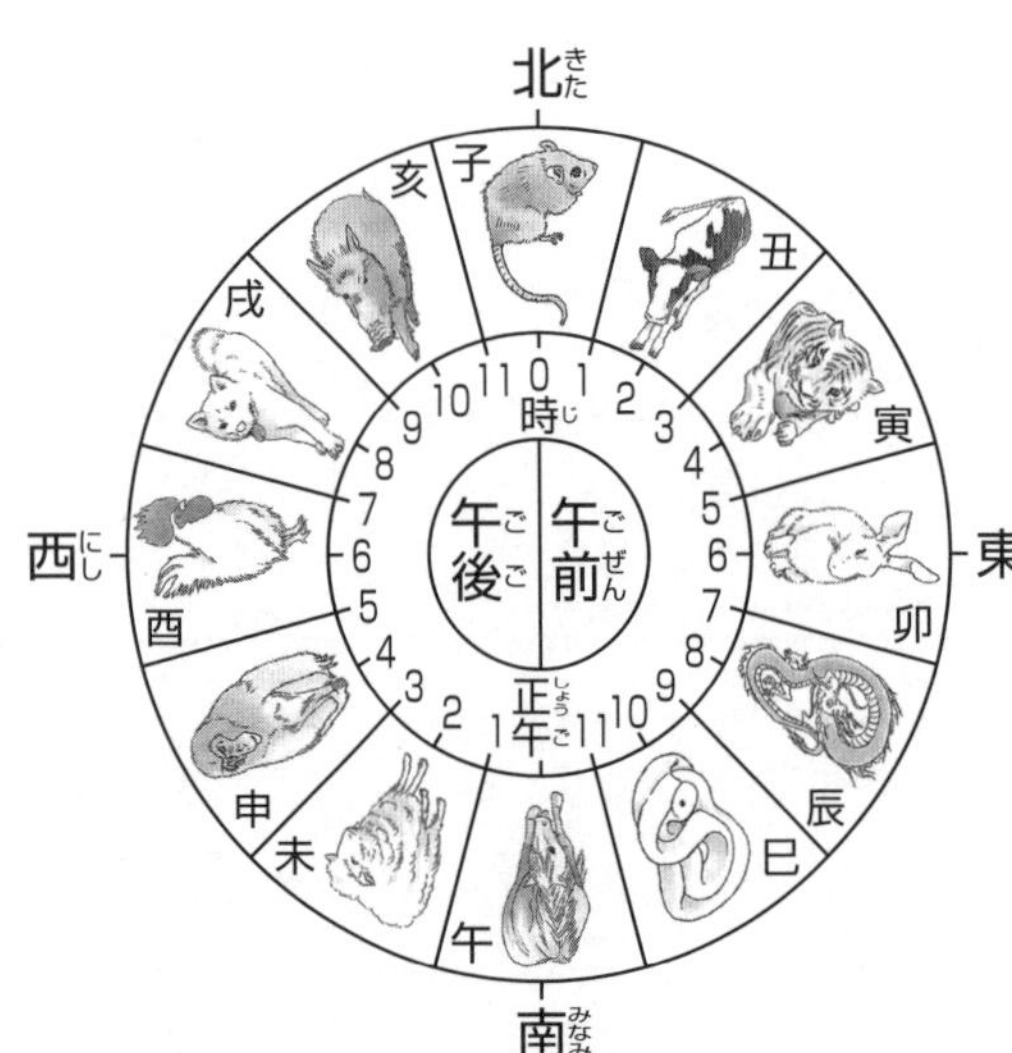

学習日　月　日（　）

16ページの答え　ア—おせっかい　イ—運命（うんめい）　ウ—重労働（じゅうろうどう）　エ—ぎょうぎ　オ—家計（かけい）　カ—いくさ

4 旧暦

月の満ち欠けをもとにして作ったこよみ（太陰暦）を改良したもの。「太陰太陽暦」ともいう。月の満ち欠けに日付けを合わせながら、「うるう月（およそ三年に一度、ある月を二度置く）」を置き、一年が十三か月となる年を作り、季節と月日のずれを調整した。

5 太陽暦

地球が太陽の周りを一回りする時間を一年とするこよみ。一年を三百六十五日とし、四年に一度、三百六十六日のうるう年（二月を二十九日とする）を置いた、実際の季節に沿ったこよみ。現在、世界の多くの地域で一般的に用いられている。

6 十二か月の呼び名

【旧暦での一月から十二月までの呼び名】

睦月（一月）・如月（二月）
弥生（三月）・卯月（四月）
皐月（五月）・水無月（六月）
*文月（七月）・葉月（八月）
長月（九月）・神無月（十月）
霜月（十一月）・師走（十二月）

＊「文月」は「ふづき」ともいう。

卯の花

【呼び名の由来】

卯月……卯の花がさく月ということから。

長月……夜がしだいに長くなるということから。

神無月…全国の神様が出雲大社（島根県）に集まり、他の地方が「神無し」になるということから。

師走……年末でみないそがしく、師匠（先生）までもが走り回るということから。

17ページの答え　ア—情け（なさけ）　イ—発展（はってん）　ウ—ぜつめつ　エ—まのあたり　オ—手加減（てかげん）　カ—頭脳（ずのう）

	言葉	意味
73	あらすじ	物語や劇などのだいたいの話。
74	いわれ	古くから言い伝えられてきた事がら。
75	科学（かがく）	物事を細かく調べ、順序立てて整理し、多くに共通する法則を明らかにする学問。
76	希望（きぼう）	こうなってほしいと願うこと。また、その願い。
77	効率（こうりつ）	仕事の量と、その仕事に使った力や時間との比率。
78	下書き（したがき）	本格的に書く前に、練習や準備として書くこと。また、書いたもの。

上の言葉を使って文を完成させましょう。

ア（　　　）の進歩によって、人間の生活は大きく変化してきた。

イ おじに出す礼状の（　　　）をする。

ウ 祖母から、村外れにある小さな神社の（　　　）について聞く。

エ 今よりもっと（　　　）のよい仕事のやり方を考える。

オ 友達と将来の（　　　）を語り合う。

カ 兄に、見てきた映画の（　　　）を話す。

番号	言葉	意味
79	収集	研究や楽しみのために、ある種類のものを集めること。
80	承知	事情などを知ること。また、相手のたのみや命令などを聞いて引き受けること。
81	著者	その本を書きあらわした人。
82	ぬかるみ	降った雨やとけた雪で、地面がどろどろになっている所。
83	ほとり	山・川・池などのそば。辺り。
84	もちきり（持ち切り）	ある一つのことがずっと話の中心になること。

上の言葉を使って文を完成させましょう。

ア　夏休みは、湖の（　　　）で過ごした。

イ　昔読んだ童話の（　　　）を調べる。

ウ　雨上がりの山道で、（　　　）に足を取られた。

エ　いそがしいことで有名な人気作家に、無理を（　　　）で新しい仕事をたのむ。

オ　切手の（　　　）をしゅみにしている。

カ　教室は、昨夜起こった飛行機事故の話題で（　　　）だった。

答えは 22～23ページ

	言葉	意味
85	当て	たよりにすること。心だのみにすること。
86	えいきょう（影響）	ある事がらがきっかけとなって、他のものに変化をあたえること。
87	置き去り	人や物を置いたままにして、行ってしまうこと。
88	議題	会議で話し合う問題。
89	結末⇔ほったん（発端）	（何かの結果が出る）物事の終わり。最後のしめくくり。
90	仕組み	機械や物事の組み立て。

上の言葉を使って文を完成させましょう。

ア　急な大雨にあわてて、友達を公園に（　　　）にして、帰ってきてしまった。

イ　時計の（　　　）を本で調べる。

ウ　物語のあまりにあっけない（　　　）にがっかりする。

エ　かん境によくない（　　　）をあたえる物質は、使わないようにする。

オ　次回の会議の（　　　）を決めておく。

カ　家族の協力を（　　　）にする。

20ページの答え　ア—科学（かがく）　イ—下書き（したがき）　ウ—いわれ　エ—効率（こうりつ）　オ—希望（きぼう）　カ—あらすじ

	言葉	意味
91	手話	耳の不自由な人などが、目で見てわかるように、手を動かしてする会話の方法。
92	スピーチ	会議や人の集まった席などで話すこと。また、その話。
93	損害	（こわれたり、失ったりしたために）損をすること。利益を失うこと。
94	手立て	物事を行う方法・手段。
95	日照り	長い間雨が降らないこと。
96	評判	世間の人によく知られていて、話題の中心になっていること。

上の言葉を使って文を完成させましょう。

ア けっこん式で、花よめの恩師がお祝いの（　　）をした。

イ （　　）が続いて、作物がかれる。

ウ 事故で大きな（　　）を受ける。

エ 耳の不自由な人の役に立てるように、（　　）を習うことにした。

オ 人が集まらずにつぶれそうな手芸部を立て直す、よい（　　）はないかと、みんなで考える。

カ おいしいと（　　）のレストランに行く。

答えは 24～25ページ

21ページの答え
ア―ほとり　イ―著者（ちょしゃ）　ウ―ぬかるみ　エ―承知（しょうち）
オ―収集（しゅうしゅう）　カ―もちきり

	言葉	意味
97	おどり場(ば)	階段(かいだん)のとちゅうにある、広(ひろ)くて平(たい)らな所(ところ)。
98	疑問(ぎもん)	よくわからないこと。疑(うたが)わしいこと。
99	光栄(こうえい)	自分(じぶん)を認(みと)めてもらって、めいよに感(かん)じること。
100	小刻(こきざ)み	動(うご)き具合(ぐあい)が小(ち)さく速(はや)く、くり返(かえ)されること。
101	根気(こんき)	物事(ものごと)をあきずにねばり強(づよ)く続(つづ)けていく気力(きりょく)。
102	取材(しゅざい)	新聞記事(しんぶんきじ)や芸術作品(げいじゅつさくひん)などの材料(ざいりょう)・題材(だいざい)を、事件(じけん)や実話(じつわ)から取(と)り集(あつ)めること。

上(うえ)の言葉(ことば)を使(つか)って文(ぶん)を完成(かんせい)させましょう。

ア 大勢(おおぜい)の人(ひと)の前(まえ)で話(はな)すことになり、きんちょうのあまり、体(からだ)が（　　　）にふるえる。

イ 俳優(はいゆう)が、雑誌(ざっし)の（　　　）に応(おう)じる。

ウ うまくいくかどうかは（　　　）だ。

エ 二階(にかい)から三階(さんかい)へ上(あ)がる（　　　）で、人(ひと)とすれちがう。

オ ほめていただいて、（　　　）です。

カ この工場(こうじょう)では、部品(ぶひん)を一(ひと)つずつ手作業(てさぎょう)で組(く)み立(た)てる、（　　　）のいる仕事(しごと)が行(おこな)われている。

22ページの答え　ア—置き去り（おきざり）　イ—仕組み（しくみ）　ウ—結末（けつまつ）　エ—えいきょう　オ—議題（ぎだい）　カ—当て（あて）

番号	言葉	意味
103	世紀	百年を区切りとした年代の数え方。または、あるひと続きの時代。
104	対策	相手の態度や問題に応じて取る、手段や方法。
105	当時	過去のある時期。そのころ。
106	熱意	物事に対する熱心な気持ち。意気ごみ。
107	保存⇔はいき（廃棄）	そのままの状態で、取っておくこと。
108	安らぎ	心がゆったりと落ち着き、おだやかなこと。

上の言葉を使って文を完成させましょう。

ア くつ職人が仕事に対する（　　）を語る。

イ 国を挙げて、文化財の（　　）に力を入れる。

ウ 家族で過ごす時間に、大きな（　　）を覚える。

エ 終戦（　　）の国内の様子を調べる。

オ 二〇〇一年、新しい（　　）をむかえたその日、人々は祝い合った。

カ 大地しんに備えて、（　　）を立てる。

答えは 26～27ページ

23ページの答え　ア―スピーチ　イ―日照り（ひでり）　ウ―損害（そんがい）　エ―手話（しゅわ）　オ―手立て（てだて）　カ―評判（ひょうばん）

	言葉	意味
109	回収（かいしゅう）	一度配ったものや使ったものを、また集めること。
110	帰郷（ききょう）	ふるさとに帰ること。帰省。
111	見当（けんとう）	多分こうだろうと、だいたいの予想をすること。
112	幸福（こうふく）⇕不幸（ふこう）	不平不満がなく、心が満ち足りていること。
113	さざ波（なみ）	水面に立つ、小さく細かい波。
114	実現（じつげん）	計画や期待などが、本当になること。

上の言葉を使って文を完成させましょう。

ア　夢の（　　　　）に向けて努力する。

イ　窓ガラスを割った犯人の（　　　　）は、だいたいついている。

ウ　多くの人が願うのは、世界の平和と人々の（　　　　）だ。

エ　明日は、空きびんの（　　　　）がある日だ。

オ　（　　　　）が立つ湖面をながめる。

カ　遠方で暮らすおじは、年末の休みを利用して、久しぶりに（　　　　）するそうだ。

24ページの答え

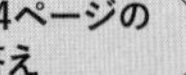
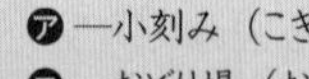
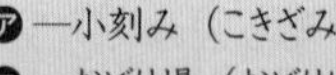

ア―小刻み（こきざみ）　イ―取材（しゅざい）　ウ―疑問（ぎもん）
エ―おどり場（おどりば）　オ―光栄（こうえい）　カ―根気（こんき）

	言葉	意味
115	進展	物事が進行して、発展すること。
116	せんたん（先端）	細長い物の先。または、時代や流行などの先頭。
117	貯蔵	物をたくわえて、しまっておくこと。
118	なじみ	慣れて親しんでいること。
119	ほこり（誇り）	めいよに思うこと。
120	無口 ⇔ おしゃべり	あまり人としゃべらず、口数が少ないこと。

上の言葉を使って文を完成させましょう。

ア ワインの（　　　）には、温度や湿度などの管理が大切だ。

イ 県で一番の成績を収めた姉を（　　　）に思う。

ウ 父は（　　　）でおだやかな人だ。

エ 今回行われた両国の話し合いは、前回と比べてほとんど（　　　）が見られなかった。

オ 流行の（　　　）をいく服装に身を包む。

カ 祖父の（　　　）の店で食事をする。

答えは 28～29ページ

25ページの答え
ア—熱意（ねつい）　イ—保存（ほぞん）　ウ—安らぎ（やすらぎ）
エ—当時（とうじ）　オ—世紀（せいき）　カ—対策（たいさく）

	言葉	意味
121	衣食住（いしょくじゅう）	生活に必要な、着る物と食べる物と住む所。暮らし。生活。
122	うちべんけい（内弁慶）	自分の家ではいばっているが、外ではおとなしいこと。
123	加工（かこう）	原料や他の品物に手を加えて、新しい物を作ること。
124	くぼみ	周りよりへこんで、低くなった所。
125	心当たり（こころあたり）	心に思い当たること。見当をつけたところ。
126	細部（さいぶ）	細かいところ。小さい部分。

上の言葉を使って文を完成させましょう。

ア 金属を（　　　）する工場を見学する。

イ さいふを落としてしまい、（　　　）のある場所を探し回った。

ウ （　　　）には困らないだけの収入がある。

エ 伝統工芸品を、職人たちが（　　　）に至るまでていねいに仕上げていく。

オ 私の弟は、（　　　）な性格だ。

カ 山道の（　　　）でつまずいて、転んでしまった。

26ページの答え
ア—実現（じつげん）　イ—見当（けんとう）　ウ—幸福（こうふく）
エ—回収（かいしゅう）　オ—さざ波（さざなみ）　カ—帰郷（ききょう）

	言葉	意味
127	じゅみょう（寿命）	命の長さ。または、物が使える期間。
128	情熱	ある物事に打ちこむ、強く激しい心。
129	人工 ⇕ 自然・天然	人の手を加えること。人の力で作り出すこと。
130	提案	自分の考えや意見を出すこと。また、その考えや意見。
131	みぶるい（身震い）	寒さ・おそろしさ・感動などで、体がふるえること。
132	路地	家と家の間のせまい道。

上の言葉を使って文を完成させましょう。

ア あまりの寒さに（　　）する。

イ 多数決で決めようという、学級委員の（　　）に賛成する。

ウ 野球の練習に（　　）を注ぐ。

エ （　　）が縮むような、おそろしい体験をする。

オ 下町の（　　）をぬけて、神社に行く。

カ うめ立て地に砂をしきつめて、（　　）のはまを造る。

答えは 30〜31ページ

27ページの答え
ア―貯蔵（ちょぞう）　イ―ほこり　ウ―無口（むくち）　エ―進展（しんてん）
オ―せんたん　カ―なじみ

学習日　月　日（　）

番号	言葉	意味
133	ありか	探している人や物のある所。
134	糸口	物事の始まり。手がかり。
135	かいほう（介抱）	病人やけが人の世話や手当てをすること。
136	ぎょうてん（仰天）	ひどくおどろくこと。
137	口調	ものの言い方。話し方。言葉の調子。
138	正体	かくされている、本当の姿。

上の言葉を使って文を完成させましょう。

ア　悪の親玉がついに（　　　）を現した。

イ　あまりに予想外の出来事に、びっくり（　　　）する。

ウ　宝物の（　　　）を探し当てる。

エ　病人を手厚く（　　　）する。

オ　事件を解決する（　　　）が、ようやく見つかった。

カ　先生は、子どもたちに向かって、やさしい（　　　）で語りかけた。

28ページの答え
ア―加工（かこう）　イ―心当たり（こころあたり）　ウ―衣食住（いしょくじゅう）
エ―細部（さいぶ）　オ―うちべんけい　カ―くぼみ

	言葉	意味
139	省略（しょうりゃく）	簡単にするために、一部分を省くこと。
140	そまつ（粗末）	品質やつくりが上等でないこと。
141	転勤（てんきん）	勤めている会社や役所の中で、勤める場所が変わること。
142	度胸（どきょう）	物事をおそれない心。
143	二つ返事（ふたつへんじ）	たのまれたことなどを、すぐに気持ちよく引き受けること。
144	行く末（ゆくすえ）	これから先のこと。将来。

上の言葉を使って文を完成させましょう。

ア 父の（　　　）が決まり、一家で引っこすことになった。

イ この建物のつくりは、（　　　）だ。

ウ 多額の借金をかかえる会社の（　　　）が案じられる。

エ 説明を（　　　）し、短めに伝える。

オ 新人俳優は、初舞台ながら（　　　）のすわった演技を見せた。

カ 友人のたのみを（　　　）で引き受ける。

答えは 32～33ページ

29ページの答え　ア―みぶるい　イ―提案（ていあん）　ウ―情熱（じょうねつ）　エ―じゅみょう　オ―路地（ろじ）　カ―人工（じんこう）

一月の言葉(1)

7 元日・元旦

元日は、年の初めの日。一月一日。
元旦は、元日の朝。または、元日そのもの。

8 鏡もち

正月やめでたいときに、神や仏に供える、主に大小二つを重ねた丸く平たいもち。昔の鏡の形に似ているところからいう。

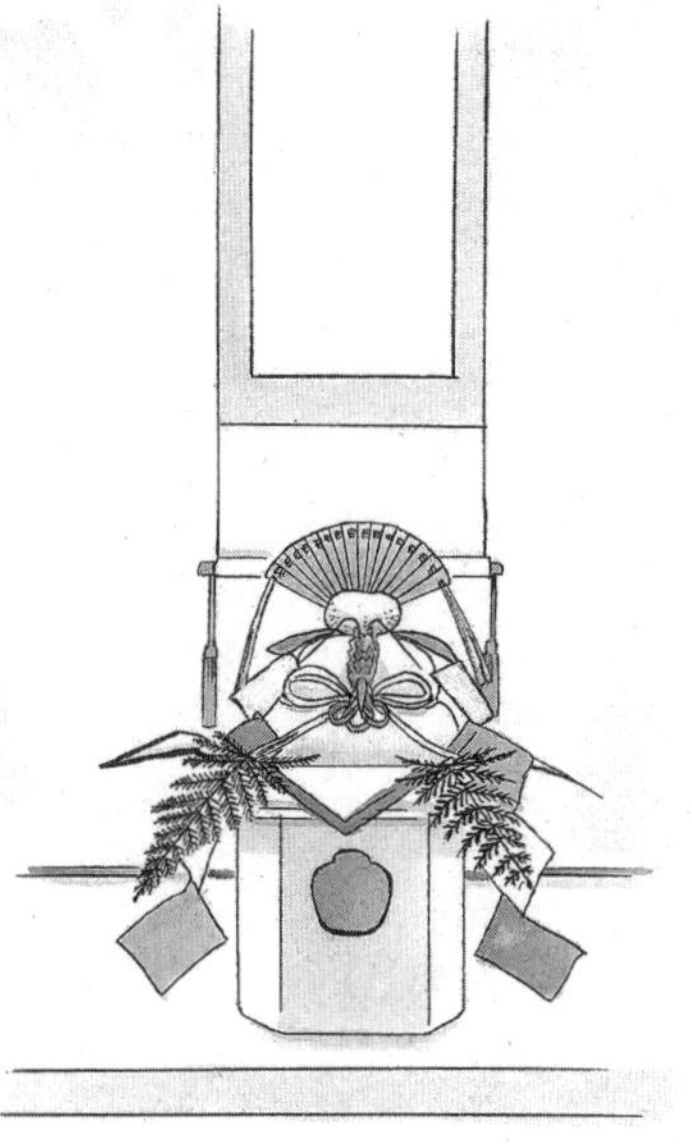

9 お正月のかざり

【門松】
正月に、家の出入り口に立ててかざる松。

【しめかざり】
正月に、家の出入り口や神だななどにしめなわをはってかざること。また、そのかざりもの。

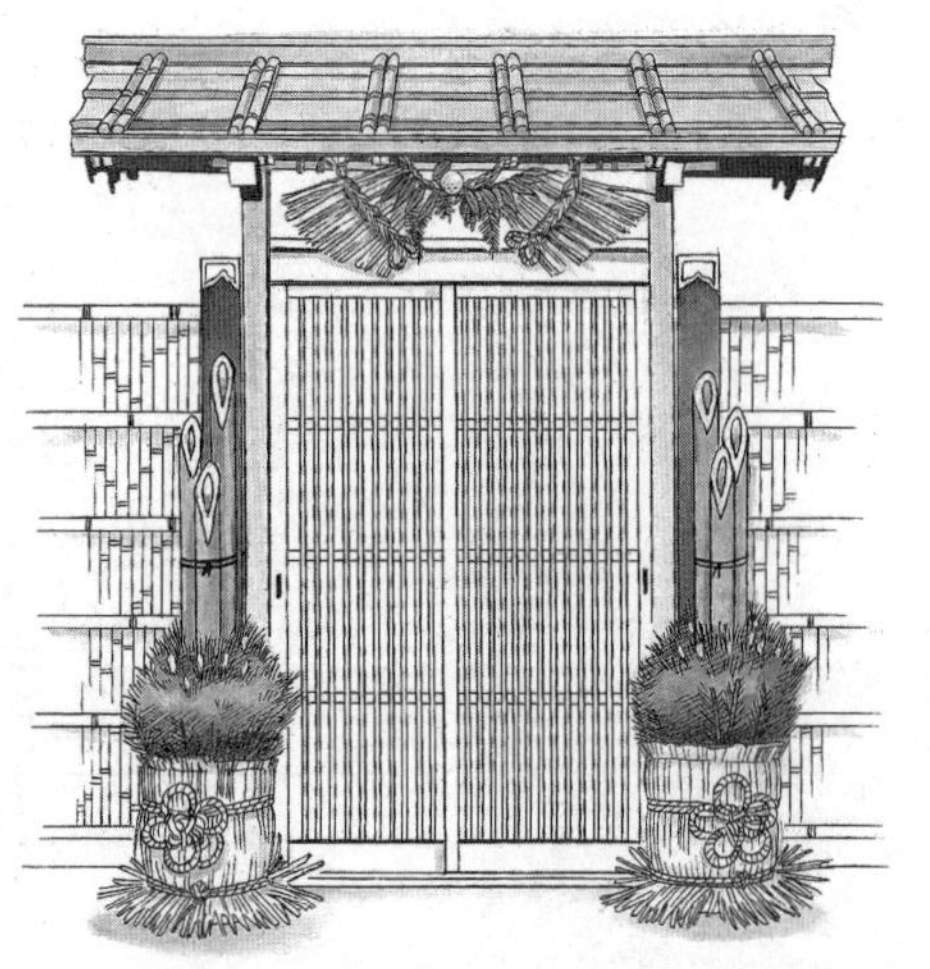

学習日　月　日（　）

30ページの答え　㋐—正体（しょうたい）　㋑—ぎょうてん　㋒—ありか　㋓—かいほう　㋔—糸口（いとぐち）　㋕—口調（くちょう）

10 お正月の料理

【おせち料理】
正月を祝うために特別に作る料理。ふつうは重箱につめる。

【おぞうに】
野菜・とり肉などを入れたしるに、もちを入れたもの。

【おとそ】
一年間健康に過ごせるように、正月に飲む、薬草をひたした酒やみりん。

↑おせち料理

↑おぞうに

↑おとそ

11 七草がゆ

【七草がゆ】
その年の健康をいのって、一月七日の朝に食べる、春の七草を入れたおかゆ。

【春の七草】

すずな（かぶ）
すずしろ（大根）
ごぎょう
ほとけのざ
せり
なずな
はこべ

31ページの答え
㋐—転勤（てんきん）　㋑—そまつ　㋒—行く末（ゆくすえ）
㋓—省略（しょうりゃく）　㋔—度胸（どきょう）　㋕—二つ返事（ふたつへんじ）

言葉	意味
生き字引	何でもよく知っている人。物知り。
うめき声	痛みや苦しみのために思わずもらす声。
かんしょう（鑑賞）	文学・音楽・劇などを読んだり、見たり、聞いたりして、そのよさを味わうこと。
ぐうぜん（偶然）⇔必然	思いがけないこと。
こずえ	木の幹や枝の先のほう。
習慣	いつも行い、決まりのようになった事がら。

上の言葉を使って文を完成させましょう。

ア　梅の（　　　　）に、小鳥がとまる。

イ　長老は何でも知っているので、村の（　　　　）とよばれている。

ウ　この作品からは、戦争のつらさを体験した人々の（　　　　）が聞こえてくるようだ。

エ　父は、毎朝、庭の植木に水をやることを（　　　　）にしている。

オ　その星は、（　　　　）発見された。

カ　クラシック音楽を（　　　　）する。

	言葉	意味
151	寸前	ほんの少し前。直前。
152	高み	高いところ。高い場所。
153	つつみ（堤）	川や池などの水があふれないように、土や石を盛り上げて高くした所。
154	とこ（床）	ねどこ。ねるためにふとんをしいた所。
155	ぼうがい（妨害）	じゃまをすること。
156	まえぶれ（前触れ）	前もって知らせること。何かが起こりそうな気配。

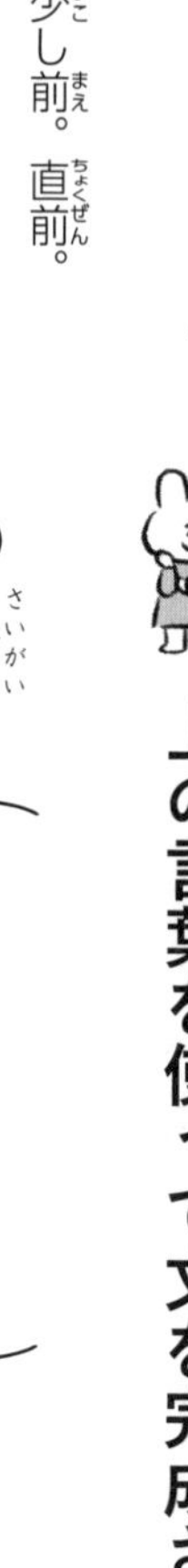

上の言葉を使って文を完成させましょう。

ア 災害は（　　　　）もなく急にやってくる。

イ 昔、この地方を治めていた武将は、川のはんらんを防ぐため、（　　　　）を築いた。

ウ 歩道に置いてある自転車が、人々の通行を（　　　　）している。

エ 自分自身をみがき、さらなる（　　　　）を目指してこそ、一流の選手といえる。

オ 駅に着く（　　　　）で忘れ物に気づいた。

カ 弟は、（　　　　）に入るとすぐにねむった。

答えは 36〜37ページ

番号	言葉	意味
157	一面	辺り全体。または、物事の、ある一つの面。
158	えもの（獲物）	かりや漁をしてとった、けものや魚など。
159	会議	何かを決めるために、集まって話し合いをすること。
160	気力	物事をやりとげようとする気持ち。
161	小手調べ	本格的にする前に、少しためしてみること。
162	じょうしょう（上昇）⇕下降	上のほうに上ること。高くなること。

上の言葉を使って文を完成させましょう。

ア 職員室で（　　　）が行われる。

イ スポーツには、見る者に感動をあたえるという（　　　）がある。

ウ 日が差してきて、気温が（　　　）する。

エ 上空から、わしが（　　　）をねらう。

オ マラソン大会をひかえて、（　　　）に三キロメートルほど走ってみる。

カ 試合のときは、相手チームには絶対負けないという（　　　）をもち続けることが大切だ。

34ページの答え　ア―こずえ　イ―生き字引（いきじびき）　ウ―うめき声（うめきごえ）　エ―習慣（しゅうかん）　オ―ぐうぜん　カ―かんしょう

番号	言葉	意味
163	すけだち（助太刀）	力を貸して助けること。また、その人。
164	生存	生物が生きていること。生き残ること。
165	責任	引き受けて、しなければならないこと。
166	とうらい（到来）	気候の変わり目や、物事をするのにちょうどよい機会がめぐってくること。
167	矢先	物事が始まろうとする、ちょうどそのとき。
168	利益	ためになること。役に立つこと。もうけ。

上の言葉を使って文を完成させましょう。

ア 暖かい季節の（　　）を待ちわびる。

イ 国民全体の（　　）を考える政治家こそが、大臣にふさわしい。

ウ 帰ろうとした（　　）に呼び止められた。

エ （　　）をもって自分にあたえられた役目を果たす。

オ 兄が（　　）をしてくれたおかげで、夏休みの宿題が、ようやく終わった。

カ 動物も植物も、水がなければ（　　）することはできない。

答えは 38〜39ページ

35ページの答え
ア―まえぶれ　イ―つつみ　ウ―ぼうがい　エ―高み（たかみ）
オ―寸前（すんぜん）　カ―とこ

番号	言葉	意味
169	相棒	いっしょに物事をする相手。仲間。
170	インタビュー	新聞や雑誌などの記者が、記事を書くために人に会って話を聞くこと。
171	きしょう（気性）	生まれつきもっている性質。
172	くちぐせ（口癖）	いつもくり返して言う言葉。
173	故郷	自分の生まれ育った所。
174	ことづけ（言付け）	人にたのんで、伝えてもらうこと。また、その言葉。

上の言葉を使って文を完成させましょう。

ア 祖母の（　　）は、つかれると「しんどい」と言うことだ。

イ 正月休みには、（　　）に帰る予定だ。

ウ 長年飼っている愛犬は、私にとって、とてもよい（　　）だ。

エ この馬は、（　　）はおとなしいが、とても速く走る。

オ 野球選手に（　　）した記事を読む。

カ 母からの（　　）を姉に伝える。

36ページの答え　ア―会議（かいぎ）　イ―一面（いちめん）　ウ―じょうしょう　エ―えもの　オ―小手調べ（こてしらべ）　カ―気力（きりょく）

番号	言葉	意味
175	しつけ	れいぎやよい習慣を身につけさせること。
176	精いっぱい	力の限り。できる限り。
177	短所 ⇔ 長所・美点	悪いところ。足りない点。
178	土手	川などに沿って、土を高く、長く積み上げた所。
179	ふんぎり	決心すること。はっきり決めること。
180	持ち場	受け持ちの場所。役割。

上の言葉を使って文を完成させましょう。

ア （　　　　）がんばったが、負けてしまった。

イ 犬には小さいころからの（　　　　）が必要だ。

ウ 父は、新しいテレビに買いかえるかどうか、まだ（　　　　）がつかずになやんでいる。

エ ぼくの（　　　　）は、気が短いことだ。

オ 優勝するためには、選手一人一人が、それぞれの（　　　　）で全力をつくすことが大切だ。

カ 祖父は、毎朝、川沿いの（　　　　）を散歩している。

答えは 40〜41ページ

37ページの答え　ア―とうらい　イ―利益（りえき）　ウ―矢先（やさき）　エ―責任（せきにん）　オ―すけだち　カ―生存（せいぞん）

番号	言葉	意味
181	雨宿り	のき下や木のかげなどで、雨がやむのを待つこと。
182	頂	山などのいちばん高い所。
183	かくご（覚悟）	心構えを決めること。
184	共通	二つ以上のものの、どれにも当てはまること。
185	欠点 ⇔ 美点・長所	よくないところ。足りないところ。
186	上品 ⇔ 下品	人や物の、外に表れる様子が好ましいこと。

上の言葉を使って文を完成させましょう。

ア　あの人の話し方はとても（　　　）なので、聞いていて気持ちがよい。

イ　バスと電車に（　　　）のきっぷを使う。

ウ　急に雨が降ってきたが、かさを持っていなかったので、（　　　）ができる場所を探した。

エ　山の（　　　）に雪が積もっている。

オ　ゴールまであきらめない（　　　）で、マラソンのスタートを切った。

カ　せっかちなのが、かれの（　　　）だ。

38ページの答え　ア―くちぐせ　イ―故郷（こきょう）　ウ―相棒（あいぼう）　エ―きしょう　オ―インタビュー　カ―ことづけ

	言葉	意味
187	せいふく（征服）	相手を負かして従わせること。または、難しいことをやりとげること。
188	ため息	心配したり困ったり感心したりしたときに出る、大きな息。
189	登場	新しいものなどが現れること。
190	成り立ち	あるものの組み立て・仕組み・でき方。
191	人里	人が集まって住んでいる所。
192	やりくり	くふうしてどうにか都合をつけること。

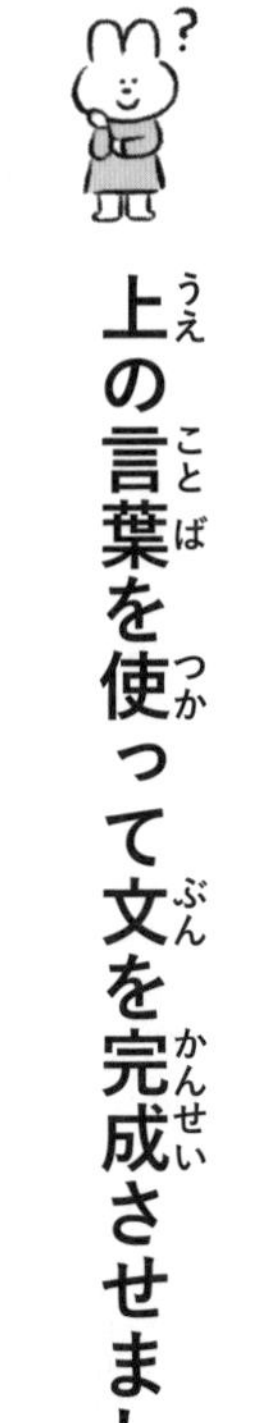

上の言葉を使って文を完成させましょう。

ア 新型の新幹線が来月から（　　　）する。

イ 登山隊がエベレスト*を（　　　）した。
*世界でいちばん高い山。

ウ 漢字の（　　　）を、辞書で調べる。

エ 生活費を（　　　）して、家を建てるためのお金をためる。

オ 山の中で道に迷い、ようやく（　　　）にたどりついた。

カ 実験が失敗に終わり、博士は大きな（　　　）をついた。

答えは 42～43ページ

39ページの答え　ア—精いっぱい（せいいっぱい）　イ—しつけ　ウ—ふんぎり　エ—短所（たんしょ）　オ—持ち場（もちば）　カ—土手（どて）

番号	言葉	意味
193	あれ地（荒れ地）	利用されないで、雑草などがおいしげっている土地。
194	往復	行きと帰り。
195	かんげい（歓迎）	喜んでむかえること。
196	行事	いつも決まって行うもよおし。
197	こうがい（郊外）⇔都心	都市の近くにある、田畑や林の多い地域。
198	種族	同じ先祖から出て、遺伝子や言語、文化などを同じくする人間の集まり。

上の言葉を使って文を完成させましょう。

ア 一年間の（　　　　）の予定表が配られる。

イ 家と目的地を（　　　　）するのに必要な時間を、前もって調べておく。

ウ （　　　　）を切り開いて畑にし、農作物を育てる。

エ その国には、言葉や風習の異なるいくつかの（　　　　）が暮らしている。

オ 旅先で、温かい（　　　　）を受ける。

カ 市の（　　　　）には畑が広がっている。

40ページの答え

ア—上品（じょうひん）　イ—共通（きょうつう）　ウ—雨宿り（あまやどり）
エ—頂（いただき）　オ—かくご　カ—欠点（けってん）

番号	言葉	意味
199	水平⇔垂直	静かな水の面のように平らなこと。
200	せんりょう（占領）	軍隊の力で他の国の土地をうばい、治めること。
201	つりあい	力・性質がうまく合って、どちらにもかたむかないこと。
202	成り行き	物事が移り変わっていく様子。
203	発達	よくなっていくこと。開けること。
204	みりょく（魅力）	人の心を引きつける力。

上の言葉を使って文を完成させましょう。

ア インターネットの技術は、この十数年で急速に（　　）してきた。

イ 水がこぼれないように、バケツを（　　）に保って運ぶ。

ウ 昔、この島は、外国に（　　）された。

エ 支出と収入の（　　）をとる。

オ 話し合いの方向は（　　）に任せる。

カ 宝石のかがやきには、人を引きつける特別な（　　）がある。

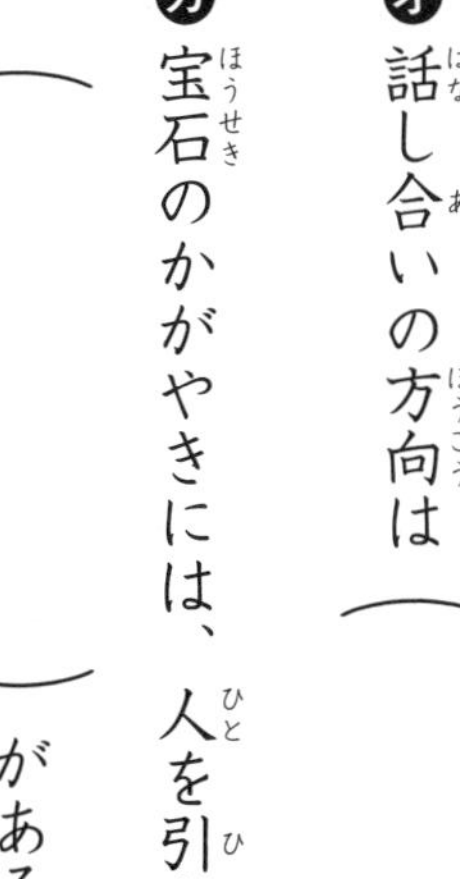

答えは 44〜45ページ

41ページの答え
ア—登場（とうじょう）　イ—せいふく　ウ—成り立ち（なりたち）　エ—やりくり
オ—人里（ひとざと）　カ—ため息（ためいき）

番号	言葉	意味
205	頭ごなし	相手の言い分も聞かずに、一方的におさえつけたりしかったりすること。
206	永久	いつまでも限りなく続くこと。
207	開発	新しい物を考え出して、実際に使えるようにすること。または、土地などを切り開くこと。
208	首っ引き	そばに置いて、絶えず照らし合わせて使うこと。
209	源流	川の水の流れ出るもと。または、物事の起こり。
210	しぐさ（仕草）	物事をするときの、体の動かし方。

上の言葉を使って文を完成させましょう。

ア 世界が（　　　）に平和であるよう願う。

イ おくれた理由も聞いてもらえず、（　　　）にしかられてしまった。

ウ 病気を治す新しい薬を（　　　）する。

エ 姉は、英語で書かれた本を、辞書と（　　　）で読んでいる。

オ 子犬の（　　　）は、とてもかわいらしい。

カ ヨーロッパ文化の（　　　）は、古代ギリシャや古代ローマの文化にある。

42ページの答え　ア―行事（ぎょうじ）　イ―往復（おうふく）　ウ―あれ地（あれち）　エ―種族（しゅぞく）　オ―かんげい　カ―こうがい

番号	言葉	意味
211	親愛	人を愛し、親しみをもっていること。
212	セット	道具などのひとそろい。
213	長所 ⇔ 短所・欠点	すぐれているところ。
214	とりこ	あることに心をうばわれ、熱中していること。
215	まきぞえ（巻き添え）	事件などに巻きこまれて、損害やめいわくを受けること。
216	めぐみ（恵み）	情けをかけること。または、神や仏・自然などが人々に利益をあたえること。

上の言葉を使って文を完成させましょう。

ア 姉と弟のけんかの（　　　）を食ってしまった。

イ 誕生日のプレゼントに、いろいろな文房具を（　　　）にしたものをもらった。

ウ 日照り続きの地に（　　　）の雨が降った。

エ （　　　）の情のこもった手紙をもらう。

オ その店の料理は、一口で（　　　）になるほどおいしい。

カ 私の（　　　）は、根気強さだ。

答えは 46〜47ページ

43ページの答え　ア—発達（はったつ）　イ—水平（すいへい）　ウ—せんりょう　エ—つりあい　オ—成り行き（なりゆき）　カ—みりょく

学習日　月　日（　）

言葉　意味

217 **あいづち（相づち）**
人の話に調子を合わせて、短い言葉で受け答えをしたり、うなずいたりすること。

218 **受け身**
他からの働きかけを受けることや、その立場。

219 **ぎしき（儀式）**
ある決まりに従って、おごそかに行われる行事。

220 **こうい（行為）**
行い。ふるまい。

221 **公平**
考えや行いが一方にかたよらないこと。

222 **樹立**
物事がしっかり定まるようにすること。打ち立てること。

上の言葉を使って文を完成させましょう。

ア 豆まきは、節分に行われる、やくばらいの（　　）だ。

イ 友達の話に（　　）を打つ。

ウ 試合中の危険な（　　）は反則だ。

エ いつも（　　）ではなく、自分から進んで学習する姿勢が大切だ。

オ おかしを全員で（　　）に分ける。

カ この国の人々は、昔、新しい国家を（　　）するために団結した。

44ページの答え　ア―永久（えいきゅう）　イ―頭ごなし（あたまごなし）　ウ―開発（かいはつ）　エ―首っ引き（くびっぴき）　オ―しぐさ　カ―源流（げんりゅう）

	言葉	意味
223	図星（ずぼし）	いちばん大事な点。目当てとするところ。
224	体調（たいちょう）	体の調子・状態。
225	つじつま	物事の筋道。
226	日中（にっちゅう）⇔夜間（やかん）	太陽の出ている間。昼間。
227	不作（ふさく）⇔豊作（ほうさく）	作物の出来が悪いこと。
228	やみつき（病み付き）	熱中してやめられなくなること。

上の言葉を使って文を完成させましょう。

ア このケーキは、一度食べたら（　　）になるほどおいしい。

イ 母の意見は、まさに（　　）だった。

ウ 今年は雨が少なくて、米が（　　）だ。

エ かぜを引いていたが、やっと（　　）がよくなってきた。

オ うそをついてから（　　）を合わせようとすると、さらにうそを重ねてしまうことになる。

カ （　　）は晴れるが、夜は雨になる。

答えは 48〜49ページ

45ページの答え
ア—まきぞえ　イ—セット　ウ—めぐみ　エ—親愛（しんあい）　オ—とりこ
カ—長所（ちょうしょ）

一月の言葉(2)

学習日　月　日（　）

12 初もうで

正月の初めに神社や寺にお参りすること。「初参り」ともいう。年の初めに、一年間の無事とはん栄をいのる。大みそかを過ごし、深夜十二時になってから、地域の氏神や鎮守へ、または、自分の信こうする神社や寺へお参りする。近年、有名な神社や寺に出かけることが多くなった。

13 書き初め

新年になって、初めて筆で文字を書く行事。また、そのときに書いたもの。ふつう、一月二日に行う。

14 羽根つき

二人が羽子板で羽根をつく遊び。正月の遊び。もともとは、「羽根をつくことでわざわいをはらう」という意味があった。

46ページの答え
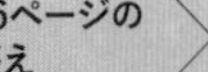
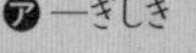
ア―ぎしき　イ―あいづち　ウ―こうい　エ―受け身（うけみ）
オ―公平（こうへい）　カ―樹立（じゅりつ）

15 鏡開き

【鏡開き】

正月の間、年神に供えた鏡もちを割り、おしるこなどにして食べる行事。供えたもちを食べることで、一年間の健康を願う。年神が刃物をきらうことから、包丁を使わずに手や木づちで鏡もちを割る。ふつう、一月十一日に行う。

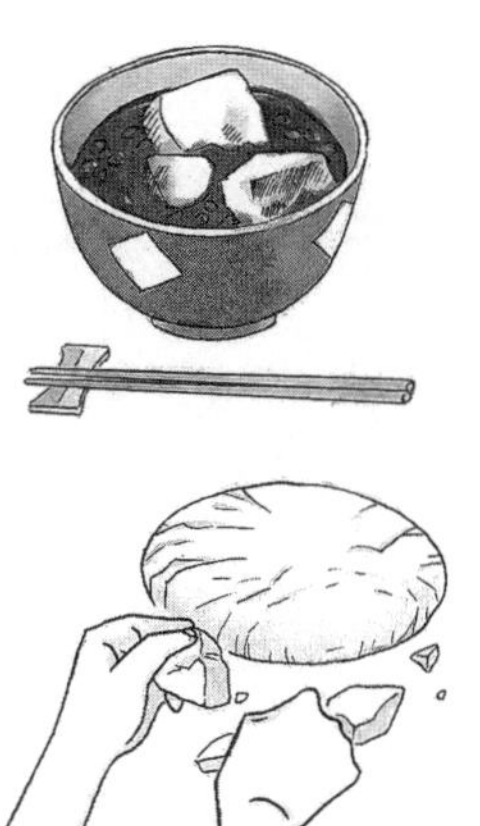

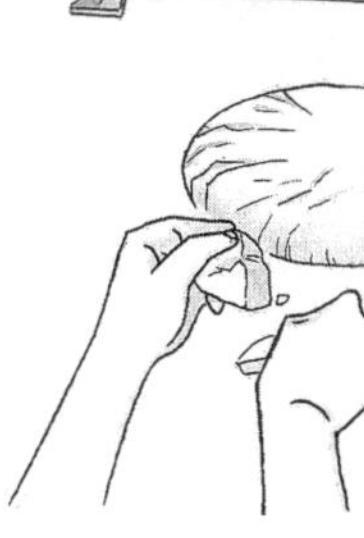

【年神】
正月に家々で祭る神。その年の福をもたらすとされる。

16 小正月

【小正月】

一月十五日を中心とした数日間のこと。元日から七日までを「大正月」と呼ぶのに対していう。もち花やまゆ玉を作ったり、どんど焼きなどの行事を行ったりする。


【どんど焼き】

小正月に行われる火祭りの行事。「左義長」ともいう。長い竹数本を組み立てて、正月の門松・しめかざり・書き初めなどを持ち寄って焼く。このときのけむりにのって、年神が天に帰って行くといわれる。また、この火で焼いたもちを食べると、一年じゅう、病気にかからないといわれる。

47ページの答え
ア—やみつき　イ—図星（ずぼし）　ウ—不作（ふさく）　エ—体調（たいちょう）
オ—つじつま　カ—日中（にっちゅう）

	言葉	意味
229	いとこ	両親の兄弟・姉妹の子ども。
230	お仕着せ	上から一方的に決められ、あたえられたもの。
231	気がね（気兼ね）	他の人の気持ちなどを気にして、遠りょすること。
232	口答え	目上の人の言いつけや注意などに逆らって、言い返すこと。
233	結局	いろいろなことがあって、その最後に行き着くところ。
234	指図	人に言いつけて行わせること。また、その言いつけ。

上の言葉を使って文を完成させましょう。

ア 夏休みに（　　　　）の家で遊ぶ。

イ あの先生には、（　　　　）なく相談できる。

ウ 仏師は、多くの弟子たちに（　　　　）し、大きな仏像を造り上げた。

エ （　　　　）のところ、どの道を通っても同じ場所に着くことがわかった。

オ 全部スケジュールが決まっているような、（　　　　）のツアー旅行は選ばない。

カ 妹は、両親にいつも（　　　　）している。

	言葉	意味
235	しぶき	飛び散る水のつぶ。
236	手間	あることをするのに使う時間や労力。
237	伝記	ある人の一生のことを物語のように書いた本。
238	天然 ⇔ 人工・人造	人の手を加えていない、自然のままの様子。
239	博愛	全ての人を同じように愛すること。
240	明暗	明るい面と暗い面。幸せと不幸、喜びと悲しみなど。

上の言葉を使って文を完成させましょう。

ア 仕上げの作業には（　　　）がかかる。

イ その勝負が、後の二人の人生の（　　　）を分けた。

ウ この本は、（　　　）の精神の大切さについて述べている。

エ 近所の工場では、（　　　）の真じゅを加工して、アクセサリーを作っている。

オ 波が岩を打ち、（　　　）が上がる。

カ ある科学者の（　　　）を読む。

答えは 52〜53ページ

	言葉	意味
241	意固地（いこじ）	つまらないことに意地を張って、自分の考えをおし通すこと。
242	えんりょ（遠慮）	ひかえめにすること。
243	気の毒（きのどく）	かわいそうで、心が痛むこと。
244	金額（きんがく）	数字で表される、お金の量。
245	心構え（こころがまえ）	あることをするときの、心の準備。
246	財産（ざいさん）	個人・団体が持っている、お金・建物・土地など値打ちのある物。

上の言葉を使って文を完成させましょう。

ア 祖父は一代で大きな（　　　　）を築いた。

イ あまり（　　　　）にならず、人の意見もよく聞くべきだ。

ウ 旅行に必要な（　　　　）を計算する。

エ 災害に対する（　　　　）があれば、あわてないで済むはずだ。

オ ゴール寸前で転んでしまった選手を見て、とても（　　　　）に思った。

カ （　　　　）せず、意見をはっきり言う。

50ページの答え　ア—いとこ　イ—気がね（きがね）　ウ—指図（さしず）　エ—結局（けっきょく）　オ—お仕着せ（おしきせ）　カ—口答え（くちごたえ）

	言葉	意味
247	親身（しんみ）	親子や兄弟・姉妹に対するときのように、思いやりがあって親切な様子。
248	通用（つうよう）	世の中に広く用いられること。
249	討論（とうろん）	ある問題について考えを出し合い、話し合うこと。
250	のら	田や畑。野原。
251	日（ひ）ごと	毎日。一日、一日。
252	りくつ（理屈）	物事の筋道。筋の通った論理。

上の言葉を使って文を完成させましょう。

ア （　　　）に秋が深まっていく。

イ 日本のやり方が（　　　）しない国もある。

ウ （　　　）に出て野菜に水をやる。

エ 友人がなやんでいたので、（　　　）になって相談に乗った。

オ 祖父母は、政治家が（　　　）をするテレビ番組を見るのが好きだ。

カ 相手の言い分だけを一方的に聞いて判断するなんて、（　　　）に合わない話だ。

答えは 54～55ページ

51ページの答え
ア―手間（てま）　イ―明暗（めいあん）　ウ―博愛（はくあい）
エ―天然（てんねん）　オ―しぶき　カ―伝記（でんき）

	言葉	意味
253	明くる日	次の日。
254	うろ覚え	ぼんやりと覚えていること。
255	感覚	物事のとらえ方や感じ方。
256	きょり（距離）	二つのものの間の長さ。へだたり。
257	原料	品物を作り出すときのもとになる物。
258	しげみ（茂み）	草木がたくさん生えている場所。

上の言葉を使って文を完成させましょう。

ア デザイナーのおばは、色や形の美しさに対する（　　　）が、とてもするどい。

イ 裏庭の（　　　）に、たくさんの小鳥が集まって、木の実をついばんでいる。

ウ 私の家から父方の祖父母の家までは、歩くには少し（　　　）がある。

エ （　　　）の言葉の意味を辞書で調べる。

オ うどんの（　　　）は小麦粉だ。

カ 台風の（　　　）は、青空が広がった。

52ページの答え　ア―財産（ざいさん）　イ―意固地（いこじ）　ウ―金額（きんがく）　エ―心構え（こころがまえ）　オ―気の毒（きのどく）　カ―えんりょ

	言葉	意味
259	状態(じょうたい)	人や物事の様子。
260	せせらぎ	川の、浅い所を流れる水の音。また、小さな川の流れ。
261	てがら(手柄)	人からほめられるような立派な働き。
262	なぐさめ	心をまぎらし、楽しませること。
263	真っ向(まっこう)	真正面。
264	有数(ゆうすう)	数えられるほど少なくてすぐれていること。

上の言葉を使って文を完成させましょう。

ア 入院している祖母の（　　　）になるように、きれいな写真集を持っていく。

イ 京都は、日本でも（　　　）の観光地だ。

ウ 試合で（　　　）を立てた選手をほめる。

エ 町の人々は、大きなビルを建設する計画に、（　　　）から反対した。

オ このせん水かんは、海底の（　　　）を調査するのに用いられている。

カ 川の（　　　）に耳をかたむける。

答えは 56～57ページ

53ページの答え
ア―日ごと（ひごと）　イ―通用（つうよう）　ウ―のら　エ―親身（しんみ）
オ―討論（とうろん）　カ―りくつ

	言葉	意味
265	あるじ	一家の主人。店の主人。
266	えしゃく	軽く頭を下げて、あいさつをすること。
267	おのおの	何人もいる人の、一人一人。
268	記入	書き入れること。
269	交流	たがいに親しく交わること。
270	しんし（紳士）	教養があり、れいぎ正しい男の人。

上の言葉を使って文を完成させましょう。

ア 解答用紙に答えを（　　　）する。

イ となりの家の人に、駅でたまたま会ったので、（　　　）をした。

ウ この店の（　　　）は、父の友人だ。

エ あの人のふるまいには、上品さと落ち着きがあり、（　　　）だと評判だ。

オ 全員が（　　　）の意見を発表する。

カ 下級生との（　　　）を深めるために、球技大会が開かれた。

54ページの答え　ア—感覚（かんかく）　イ—しげみ　ウ—きょり　エ—うろ覚え（うろおぼえ）　オ—原料（げんりょう）　カ—明くる日（あくるひ）

番号	言葉	意味
271	選たく（選択）	二つ以上の中から選ぶこと。
272	そぶり	顔つきや行いに表れた、気分や様子。
273	単調	同じような調子で、変化が少ないこと。
274	てんめつ（点滅）	明かりがついたり消えたりすること。
275	費用	あることをするために必要なお金。
276	めじろおし（目白押し）	人がたくさん集まって混み合っていること。または、多くの物事が集中すること。

上の言葉を使って文を完成させましょう。

ア あの人は、今とてもつらいはずなのに、他人にはそんな（　　　）を少しも見せない。

イ 青信号が（　　　）している。

ウ 自分に似合う色の服を（　　　）する。

エ なるべく安い（　　　）で自転車の修理をしてくれる店を探す。

オ 年末から正月にかけては、おもしろそうな映画が、（　　　）だ。

カ この曲は（　　　）で、退くつだ。

答えは 58～59ページ

55ページの答え
ア―なぐさめ　イ―有数（ゆうすう）　ウ―てがら　エ―真っ向（まっこう）
オ―状態（じょうたい）　カ―せせらぎ

	言葉	意味
277	一時（いっとき）	しばらくの間。
278	応答（おうとう）	話しかけや問いに答えること。
279	技術（ぎじゅつ）	物事をうまく行うわざ。
280	結論（けつろん）	話したり考えたりして、最後にまとまった意見や判断。
281	ごちそう	人に食べ物や飲み物を出して、もてなすこと。また、その食べ物や飲み物。
282	職場（しょくば）	仕事をする所。勤めている所。

上の言葉を使って文を完成させましょう。

ア　休日におばと外出したとき、おいしいおすしを（　　　）になった。

イ　父の新しい（　　　）は、家から近い。

ウ　雨は（　　　）やみ、また降り出した。

エ　電話の呼び出しには、なるべく早めに（　　　）するようにしている。

オ　金属を加工する（　　　）は、どんどん進歩している。

カ　何度も話し合った末、（　　　）がようやくまとまった。

番号	言葉	意味
283	成果（せいか）	行いや仕事によって得られたよい結果。
284	体勢（たいせい）	あることをしようとするときの体の構え。
285	代表（だいひょう）	多くの人や団体に代わって、その意志を外部に表すこと。また、その人。
286	日常（にちじょう）	ふだん。つね日ごろ。
287	ほらふき（ほら吹き）	大げさなことや、でたらめなことばかりを言う人。
288	野生（やせい）	動物や植物が、山や野で自然に育つこと。

上の言葉を使って文を完成させましょう。

ア その物語は、（　　　　）のついたうそが本当になってしまうという話だ。

イ がんばって練習した（　　　　）が表れた。

ウ この研究所では、（　　　　）の植物や動物の調査をしている。

エ つまずいたが、すぐに（　　　　）を立て直したので、転ばずに済んだ。

オ 健康のために、（　　　　）の生活を見直す。

カ 在校生を（　　　　）してあいさつする。

答えは 60～61ページ

57ページの答え　ア―そぶり　イ―てんめつ　ウ―選たく（せんたく）　エ―費用（ひよう）　オ―めじろおし　カ―単調（たんちょう）

289　290　291　292　293　294

言葉	意味
引用（いんよう）	人の言葉や文章などを、自分の話や文章の中で使うこと。
化学（かがく）	物質の組み立てや性質・変化などを研究する学問。
吸収（きゅうしゅう）	物事を吸い取ったり、取り入れたりすること。
現実（げんじつ）	今、事実としてある物事や状態。
合同（ごうどう）	二つ以上のものが一つにまとまること。
さざめき	にぎやかな声や、ざわざわとする音。

上の言葉を使って文を完成させましょう。

ア　その学者は、（　　　）肥料の研究を長年続けている。

イ　会場の人々の（　　　）が、大きくなる。

ウ　有名な作家の言葉を（　　　）して、わかりやすく説明する。

エ　三つの学校が（　　　）で練習する。

オ　そのアニメは、（　　　）にあったことを題材にしている。

カ　本をたくさん読んで、新しい知識を（　　　）する。

58ページの答え
ア—ごちそう　イ—職場（しょくば）　ウ—一時（いっとき）
エ—応答（おうとう）　オ—技術（ぎじゅつ）　カ—結論（けつろん）

	言葉	意味
295	尊敬⇔けいべつ（軽蔑）	人格や行いなどをすばらしいと思って、尊び敬うこと。
296	程度	高い・低い、強い・弱いなどの物事の度合い。
297	独身	夫や妻がいないこと。
298	なっとく（納得）	考えや行動などを、もっともだと認めること。
299	平素	ふだん。つね日ごろ。
300	流通	世の中で広く使われること。

上の言葉を使って文を完成させましょう。

- ア ドルは、多くの国で（　　　）する通貨単位だ。
- イ 私は、父のことを（　　　）している。
- ウ 何事も（　　　）の心がけが大切だ。
- エ この（　　　）の失敗なら問題ない。
- オ 初めは、どうしてそんな練習をするのかわからなかったが、説明を聞いて（　　　）した。
- カ このマンションは、主に（　　　）の人向けのワンルームタイプだ。

答えは 62〜63ページ

59ページの答え
ア―ほらふき　イ―成果（せいか）　ウ―野生（やせい）　エ―体勢（たいせい）
オ―日常（にちじょう）　カ―代表（だいひょう）

	言葉	意味
301	あの世	死後に行くと考えられている世界。
302	各自	一人一人。めいめい。
303	かんじょう（勘定）	数を数えたり計算したりすること。または、代金を支はらうこと。
304	苦心	いろいろ苦労して考えること。
305	見物	名所やイベントなどを見て楽しむこと。
306	さいそく（催促）	早くしてくれるようにたのむこと。

上の言葉を使って文を完成させましょう。

ア 本を返すよう、友人に（　　　）する。

イ 料理人は、おいしい料理を作ろうと、いろいろと（　　　）している。

ウ 人は死ぬと（　　　）に行くといわれる。

エ 旅先で、観光名所をあちこち（　　　）する。

オ 先生は、遠足のおやつは（　　　）で用意するようにと、全員に伝えた。

カ 店の売上金を（　　　）する。

60ページの答え　ア—化学（かがく）　イ—さざめき　ウ—引用（いんよう）　エ—合同（ごうどう）　オ—現実（げんじつ）　カ—吸収（きゅうしゅう）

	言葉	意味
307	事典（じてん）	いろいろな事がらを表す言葉を集めて、それぞれくわしく説明した本。
308	筋道（すじみち）	物事の正しい理くつや順序。
309	テンポ	物事の進む速さ。
310	東洋（とうよう）	アジア。特にアジアの東部・南部の地方。
311	はす向かい	なめ前。
312	はんかがい（繁華街）	人通りが多く、商店などがたくさんある町や通り。

上の言葉を使って文を完成させましょう。

ア この曲は、（　　）が速いので、入場行進に向いている。

イ となり町の（　　）で買い物をする。

ウ 学校の（　　）に図書館がある。

エ めだかの育て方について、（　　）で調べる。

オ （　　）の文化がヨーロッパに伝わる。

カ 自分の意見や考えを人に伝えるときには、しっかりと（　　）を立てて話すことが大切だ。

答えは 64〜65ページ

61ページの答え
ア—流通（りゅうつう）　イ—尊敬（そんけい）　ウ—平素（へいそ）
エ—程度（ていど）　オ—なっとく　カ—独身（どくしん）

二・三月の言葉

17 節分

季節の移り変わる境目。立春・立夏・立秋・立冬の前の日のこと。今では、特に二月の立春の前日をいうようになった。わざわいや病気を追いはらうために、豆まきをする。

18 立春

こよみのうえで、春が始まる日。節分の翌日。二月四日ごろ。

19 桃の節句

三月三日に行う、女の子のお祝い。女の子の成長と幸せを願う。「ひなまつり」ともいう。ひな人形をかざり、桃の花やひしもち、白酒などを供える。

学習日　月　日（　）

62ページの答え　ア—さいそく　イ—苦心（くしん）　ウ—あの世（あのよ）　エ—見物（けんぶつ）　オ—各自（かくじ）　カ—かんじょう

20 春分

春の彼岸の中日。太陽が真東から出て真西にしずみ、昼と夜の長さがほぼ同じになる。三月二十一日ごろ。

21 お彼岸

春分の日（三月二十一日ごろ）・秋分の日（九月二十三日ごろ）を中心として、その前後三日ずつを合わせた七日間のこと。この期間に、先祖を供養するため、お墓参りに行ったり、お坊さんを呼んでお経をあげてもらったりする。だんごやぼたもちを作って供えたりもする。

22 天気の言葉

【もや】
地面や海面などに、低く立ちこめるうすい霧。

【かすみ】
春の朝、または夕方、山のふもとなどをおおう雲のようなもの。

【春一番】
立春の後、初めてふく強い南風。

23 三寒四温

冬から春先にかけて、三日ぐらい寒い日が続いた後に、四日ぐらい暖かい日が続き、それが交ごにくり返されること。

63ページの答え
ア―テンポ　イ―はんかがい　ウ―はす向かい（はすむかい）　エ―事典（じてん）
オ―東洋（とうよう）　カ―筋道（すじみち）

学習日　月　日（　）

	言葉	意味
313	後ずさり	前を向いたまま、後ろに下がること。「後じさり」ともいう。
314	加減	ちょうどよいように調整すること。
315	干ばつ	日照りが続き、田畑の水がかれてなくなること。
316	きゅうか（休暇）	学校や会社などの、制度として認められた休み。
317	こうご（交互）	代わる代わる。たがいちがい。
318	親しみ	仲良く感じる気持ち。

上の言葉を使って文を完成させましょう。

ア 両親は、夏の（　　　）を利用して、家族旅行を計画している。

イ 自分より大きな犬を見てこわくなった犬は、じりじりと（　　　）した。

ウ かれのえがおに（　　　）を感じる。

エ 調味料の量を（　　　）する。

オ ひどい（　　　）で、米が不作だ。

カ このゲームは、二人で黒の石と白の石を、（　　　）に並べていくものだ。

番号	言葉	意味
319	消化	食べ物が体内でこなれること。または、知識などが自分のものとして身につくこと。
320	西洋	ヨーロッパやアメリカの国々。
321	ダメージ	傷を負ったり、お金や物を失ったりすること。
322	どくせん（独占）	独りじめにすること。
323	年月	年と月。長い時間が過ぎることを表す。「としつき」とも読む。
324	山場	物事のいちばん盛り上がるところ。

上の言葉を使って文を完成させましょう。

ア いよいよ物語が（　　）をむかえた。

イ 引っこしてから五年の（　　）が過ぎた。

ウ この料理は、（　　）から伝えられた。

エ 外国の文化を、うまく（　　）して、この国に合った文化を築いた。

オ この町は、大きな災害の（　　）から、少しずつ回復している。

カ コンサートの前列の席のチケットは、熱心なファンに（　　）されている。

答えは 68～69ページ

	言葉	意味
325	あんばい	味の具合。または、体や物事の調子。
326	えっとう（越冬）	冬をこすこと。冬を過ごすこと。
327	経験	実際に見聞きしたり、自分で行ったりすること。
328	こもれび（木漏れ日）	木の枝や葉の間からもれてくる、日の光。
329	すみか	住んでいる所。
330	設備	必要な物を備えつけること。また、その備えつけた物。

上の言葉を使って文を完成させましょう。

ア　やわらかな（　　　）の中、森の小道を散歩する。

イ　料理の味つけの（　　　）をみる。

ウ　このビルの（　　　）は、最新式だ。

エ　祖父は、小学校の教師だった（　　　）を生かして、子どもたちに勉強を教えている。

オ　この池は、いろいろな生き物の（　　　）になっている。

カ　わたり鳥が、日本で（　　　）する。

66ページの答え　ア—きゅうか　イ—後ずさり（あとずさり）　ウ—親しみ（したしみ）　エ—加減（かげん）　オ—干ばつ（かんばつ）　カ—こうご

番号	言葉	意味
331	そしゃく	食べ物をよくかみくだくこと。または、物事の意味などを深く考えて味わうこと。
332	てがかり（手掛かり・手懸かり）	手をかけるところ。または、探したり調べたりするきっかけとなるもの。
333	とりどり	それぞれがちがっている様子。
334	なみたいてい（並大抵）	ふつうの程度である様子。
335	果て	いちばん外れのところ。終わり。最後。
336	木造	建物などを木で造ること。または、木で造ったもの。

上の言葉を使って文を完成させましょう。

ア 事件解決の重要な（　　）を発見する。

イ 固い食べ物は、小さな子には（　　）が難しい。

ウ この古い（　　）の建物は、昔は旅館だったらしい。

エ 探査機が、太陽系の（　　）を目指して打ち上げられた。

オ 全員が色（　　）の服装で集まった。

カ この山を登るのは、（　　）の体力では無理だろう。

答えは 70～71ページ

67ページの答え
ア―山場（やまば）　イ―年月（ねんげつ）　ウ―西洋（せいよう）
エ―消化（しょうか）　オ―ダメージ　カ―どくせん

学習日　月　日（　）

番号	言葉	意味
337	いきづかい（息遣い）	息をする様子。呼吸の調子。
338	うけあい（請け合い）	あることがまちがいないと責任をもつこと。
339	おうせい（旺盛）	非常にさかんな様子。
340	きげん（機嫌）	態度などに表れた心の様子。
341	穀物	米・麦など、人間が主食とする作物。
342	しきさい（色彩）	色の具合。色と色の組み合わせ。

上の言葉を使って文を完成させましょう。

ア 最後のランナーが、苦しそうな（　　）で、ゴールにたどり着いた。

イ 成長期の子どもは、食欲が（　　）だ。

ウ 絵画の美しい（　　）を楽しむ。

エ 世界中で、（　　）の値段が高くなりつつある。

オ 赤ちゃんは、さっきまでぐずっていたのがうそのように、（　　）がよくなった。

カ この物語はおもしろいこと（　　）だ。

68ページの答え　ア―こもれび　イ―あんばい　ウ―設備（せつび）　エ―経験（けいけん）　オ―すみか　カ―えっとう

	言葉	意味
343	収入（しゅうにゅう）	他から入ってきて、その人のものとなるお金や品物。
344	世話（せわ）	気を配って、面どうをみること。
345	常（つね）	いつも変わらないこと。よくあること。
346	なきがら	死んだ人の体。死体。
347	目当て（めあて）	目印。または、目的。
348	要点（ようてん）	話や文章の大切なところ。

上の言葉を使って文を完成させましょう。

ア 説明文の（　　　）をまとめる。

イ 古代人が王の（　　　）をとむらうぎしきを行ったあとが発見される。

ウ （　　　）を増やすために転職する。

エ いちばんの（　　　）だった流行の洋服を買うことができて、姉はごきげんだ。

オ 災害は、忘れたころにとつ然やってくるのが（　　　）だ。

カ 兄が、幼い妹の（　　　）を焼いている。

答えは 72～73ページ

名前の言葉
動き・様子の言葉
表現を豊かにする言葉

69ページの答え
ア―てがかり　イ―そしゃく　ウ―木造（もくぞう）　エ―果て（はて）　オ―とりどり　カ―なみたいてい

番号	言葉	意味
349	誤り	まちがい。正しくないこと。
350	おくゆき（奥行き）	土地や建物などの、表から裏までの長さ。
351	関わり	つながり。関係。
352	経過	物事や時間が移り変わっていくこと。
353	考案	いろいろくふうして考え出すこと。
354	出身	その土地の生まれであること。

上の言葉を使って文を完成させましょう。

ア　このビルは、ははばせまいが、（　　）がある。

イ　自分の発言の（　　）に気づく。

ウ　私は、北海道の（　　）だ。

エ　犬は、昔から人間の生活と（　　）が深い動物だ。

オ　選手をきたえるための方法を（　　）する。

カ　年月の（　　）とともに、街の様子も変わってきた。

	言葉	意味
355	しんらい（信頼）	信じてたよりにすること。
356	すみずみ（隅々）	全てのすみ。あらゆる方面。
357	調節	物事をちょうどよく整えること。
358	同情	人のなやみや苦しみを、その人の身になって思いやること。
359	ふきさらし	防ぐ物がなく、風が当たるままになっていること。また、その場所。
360	見殺し	死にそうになっていたり、困っていたりするのを、見ていながら助けないこと。

上の言葉を使って文を完成させましょう。

ア けがをしたのらねこを（　　　　）にせず、保護することにした。

イ （　　　　）できる友人になやみを相談する。

ウ （　　　　）のホームで、寒さをこらえながら電車を待った。

エ 部屋の（　　　　）まで、そうじする。

オ なべがふきこぼれないように、ガスこんろの火力を（　　　　）する。

カ 悲しい物語の主人公に（　　　　）する。

答えは74～75ページ

71ページの答え
ア—要点（ようてん）　イ—なきがら　ウ—収入（しゅうにゅう）　エ—目当て（めあて）　オ—常（つね）　カ—世話（せわ）

番号	言葉	意味
361	一服（いっぷく）	ひと休みすること。
362	えん（縁）	人や物事のつながり。
363	解決（かいけつ）	難しい事件や問題を片付けること。
364	共同（きょうどう）	二人以上の人がいっしょに、一つのことをすること。
365	挙手（きょしゅ）	合図などのために手を挙げること。
366	くぎ付け（くぎづけ）	その場所から動けないようにすること。また、動けないようになること。

上の言葉を使って文を完成させましょう。

ア 問題を（　　　　）するために、クラス全員で力を合わせる。

イ この考えに賛成の人は、（　　　　）してください。

ウ 一枚の名画の前で（　　　　）になる。

エ 山道のとちゅうで、（　　　　）する。

オ 日本と（　　　　）の深い国をおとずれる。

カ となりの町と（　　　　）で、イベントを行う。

72ページの答え
ア—おくゆき　イ—誤り（あやまり）　ウ—出身（しゅっしん）
エ—関わり（かかわり）　オ—考案（こうあん）　カ—経過（けいか）

番号	言葉	意味
367	実際	ありのままの本当の様子。
368	しり目	(「…をしり目に」「しり目にかける」の形で)問題にしないこと。相手にしないこと。
369	手順	物事をするときの順序。
370	とむらい	人の死を悲しみ、おしむこと。
371	張り合い	やりがいがあること。
372	リアル	ありのままである様子。現実的な様子。

上の言葉を使って文を完成させましょう。

ア おどろくほど(　　)に作られた鉄道模型を見て、ぼくはとても感心した。

イ 私は、なまけている友人を(　　)に、一人でもくもくと練習を続けた。

ウ 社会科見学で自動車工場をおとずれ、製造の(　　)の工程を知ることができた。

エ ケーキを作る(　　)を教わる。

オ 遺族に(　　)の言葉を述べる。

カ 対戦相手が弱くて、(　　)がない。

名前の言葉

動き・様子の言葉

表現を豊かにする言葉

答えは 76〜77ページ

73ページの答え
ア―見殺し(みごろし)　イ―しんらい　ウ―ふきさらし　エ―すみずみ
オ―調節(ちょうせつ)　カ―同情(どうじょう)

378 377 376 375 374 373

言葉	意味
373 合間（あいま）	物事の切れ目の短い時間。
374 意志（いし）	自分はこうしようという、はっきりとした気持ちや考え。
375 うぶごえ（産声）	生まれたときに初めて出す泣き声。
376 感激（かんげき）	強く心を動かされて、気持ちが高まること。
377 貴重（きちょう）	非常に大切で、価値が高い様子。
378 産業（さんぎょう）	人間の生活に必要な、いろいろな物やサービスなどを作り出す仕事。

上の言葉を使って文を完成させましょう。

ア その科学者が賞を辞退する（　　　）は固かった。

イ 長く続いた政権が退き、新しい政権が（　　　）を上げた。

ウ 世界に一つしかない（　　　）な宝石が展示される。

エ 仕事の（　　　）に、家に電話をかける。

オ この辺りでは、工業が主な（　　　）だ。

カ 旅館で心のこもったもてなしを受けて（　　　）する。

74ページの答え

ア―解決（かいけつ）　イ―挙手（きょしゅ）　ウ―くぎ付け（くぎづけ）
エ―一服（いっぷく）　オ―えん　カ―共同（きょうどう）

番号	言葉	意味
379	上達（じょうたつ）	学問・技術などが身について、うまくなること。
380	ステップ	物事の一つの段階。
381	専念（せんねん）	一つのことだけに一生けんめいになること。
382	伝説（でんせつ）	昔から人々に語り伝えられてきた話。
383	人だかり（ひとだかり）	多くの人が集まっていること。
384	奮発（ふんぱつ）	気力を奮い起こすこと。または、思い切りよく金品を出すこと。

上の言葉を使って文を完成させましょう。

ア 風船を使った見事な大道芸に、黒山の（　　　）ができていた。

イ 芸能活動をやめ、学業に（　　　）する。

ウ あの古い池には、りゅう神がすむという（　　　）がある。

エ 母が、マラソン大会で優勝したごほうびに、（　　　）して大きなケーキを買ってくれた。

オ 妹のピアノの（　　　）は目覚ましい。

カ 成功への（　　　）をふみ出す。

答えは 78～79ページ

75ページの答え
ア—リアル　イ—しり目（しりめ）　ウ—実際（じっさい）　エ—手順（てじゅん）
オ—とむらい　カ—張り合い（はりあい）

	言葉	意味
385	いかさま	いかにも本当らしく見せかけること。いんちき。
386	関心（かんしん）	特に心を引かれて、それに注意を向けること。
387	きっかけ	物事を始める手がかりや原因・動機。
388	げんこう（原稿）	印刷したり、演説・発表したりするとき、そのもとになる文章。
389	興奮（こうふん）	気持ちが高ぶること。
390	災害（さいがい）	地しん・台風・火事・感染症などによって受ける、思いがけないわざわい。

上の言葉を使って文を完成させましょう。

ア 自治体は、台風や地しんなどの（　　　）に備えて、対策を立てておく必要がある。

イ 卒業文集のための（　　　）を書く。

ウ 姉は天体観測に（　　　）をもっている。

エ 両親の出会いの（　　　）を知る。

オ あのうらない師は明らかな（　　　）をしている。

カ ワールドカップの決勝戦の会場は、観客の熱気と（　　　）に包まれた。

76ページの答え　ア―意志（いし）　イ―うぶごえ　ウ―貴重（きちょう）　エ―合間（あいま）　オ―産業（さんぎょう）　カ―感激（かんげき）

番号	言葉	意味
391	じょうだん（冗談）	ふざけて言う言葉や話。
392	心底	心の底から。本当に。
393	できばえ（出来映え 出来栄え）	でき上がった様子。でき具合。
394	任命	ある役目につくことを命じること。
395	本来	もともとそうであること。
396	よゆう（余裕）	余り。残り。また、ゆったりしていること。ゆとり。

上の言葉を使って文を完成させましょう。

ア 計画の（　　　）の目的を見直す。

イ 妹は、父が（　　　）で言ったことを本気にしておこり出した。

ウ 作品の（　　　）がよいとほめられる。

エ 友人の勇気ある言動に、（　　　）感動した。

オ しめ切りがせまっていて、時間に（　　　）がなく、あせっている。

カ 首相が大臣を（　　　）する。

答えは 80～81ページ

77ページの答え
ア—人だかり（ひとだかり）　イ—専念（せんねん）　ウ—伝説（でんせつ）
エ—奮発（ふんぱつ）　オ—上達（じょうたつ）　カ—ステップ

四・五・六月の言葉

24 八十八夜

立春から数えて、八十八日め。五月二日ごろ。このころを過ぎると、霜が降りる心配がなくなり、寒さが終わることを意味している。この日を目安に、稲の種まきを行う。茶の産地では、新茶つみが始まる。

25 立夏

こよみのうえで、夏が始まる日。五月六日ごろ。

26 端午の節句

五月五日の男の子のお祝い。こいのぼりを立て、家の中にはよろいやかぶと、武者人形などをかざり、男の子の成長や幸せを願う。ちまきやかしわもちを食べる。一九四八年に「こどもの日」として祝日に定められた。

学習日　月　日（　）

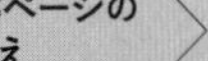

78ページの答え　ア―災害（さいがい）　イ―げんこう　ウ―関心（かんしん）　エ―きっかけ　オ―いかさま　カ―興奮（こうふん）

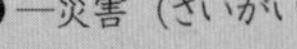
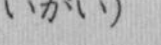
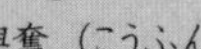
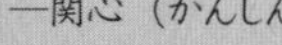
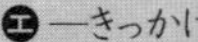

27 入梅

梅雨の季節に入ること。六月の中ごろから始まる地域が多い。

28 夏至

一年のうちで、太陽が最も北に寄る日。北半球では、昼がいちばん長く、夜がいちばん短くなる。南半球では、その反対になる。六月二十一、二十二日ごろ。

29 潮干がり

海の水が引いた後の遠浅の砂はまで、貝などをとって遊ぶこと。

30 衣がえ

季節によって、衣服をかえること。今では、六月一日に冬服から夏服へ、十月一日に夏服から冬服へかえることが多い。衣がえに合わせて、身の回りの道具もかえ、季節を区切り、けじめをつける。

31 天気の言葉

【五月晴れ】

梅雨のころの晴れた天気。また、五月の晴れわたった天気。

【五月雨】

六月ごろに降る、長雨。梅雨。

79ページの答え
ア―本来（ほんらい）　イ―じょうだん　ウ―できばえ
エ―心底（しんそこ）　オ―よゆう　カ―任命（にんめい）

	言葉	意味
397	アジア	六大州の一つ。北半球の東部に位置し、地球の陸地の約三分の一をしめる。
398	おすそ分け	もらい物や利益の一部を、他の人に分けあたえること。
399	外見 ⇕ 内実	外から見た様子。見かけ。
400	基本 ⇕ 応用	物事のもとになる、よりどころ。
401	効果	ある物事を行って生じた、よい結果。効き目。
402	しせつ（施設）	ある目的のために作った建物や設備。

上の言葉を使って文を完成させましょう。

ア 母から料理の（　　　）を教わる。

イ ポスターによる宣伝の（　　　）もあって、チケットの売り上げがのびてきた。

ウ 日本は、（　　　）にふくまれる国だ。

エ となりの人が、いなかから届いたりんごを（　　　）してくれた。

オ この建物は、（　　　）は立派だが、内部の構造に問題がある。

カ 市民が自由に使える（　　　）ができる。

	言葉	意味
403	しょうげき（衝撃）	激しくつき当たること。また、思いがけない出来事に心が激しくゆさぶられること。
404	証明	ある事がらが、本当であることや正しいことを明らかにするための手がかりとなるもの。
405	戦地	戦争が行われている場所。
406	伝達	命令や連らくなどを他の人に伝えること。
407	やつぎばや（矢継ぎ早）	すばやく、続けざまに行う様子。
408	ヨーロッパ	六大州の一つ。アジアの北西に続く地域。

上の言葉を使って文を完成させましょう。

ア　本人であることを（　　　）する書類。

イ　多くの人に（　　　）をあたえた事件。

ウ　多くの若い兵士たちが、（　　　）に送られたが、やがて戦いは終わった。

エ　イタリアやフランスなど、（　　　）の絵画に興味をもつ。

オ　みんなが転校生に、（　　　）に質問する。

カ　委員会で決定した内容を、各クラスの委員がクラスの人に（　　　）する。

答えは 84〜85ページ

	言葉	意味
409	安静	病人などが、体を動かさないで、静かにしていること。
410	大にぎわい	人出が多く、非常ににぎやかであること。
411	かじょうがき（箇条書き）	一つ一つの事がらに分けて書き並べること。また、書き並べたもの。
412	許可	願い出たことを認めること。
413	原産	動物や植物などが最初にそこにいたり、そこでとれたりしたこと。
414	視界	目で見わたすことのできるはんい。

上の言葉を使って文を完成させましょう。

ア 今年の目標を三つ考えて、紙に（　　）にしてかべにはった。

イ 市立体育館の使用の（　　）をもらう。

ウ 熱が下がるまで、（　　）にする。

エ 山頂に着くと、急に（　　）が開けた。

オ デパートの食品売り場は、年末の買い物客で、（　　）だった。

カ トマトは、南米大陸のアンデス高地（　　）の植物である。

番号	言葉	意味
415	実感	実際に経験して感じ取ること。また、そのような生き生きとした感じ。
416	商売	もうけるために、品物を売ったり買ったりすること。
417	付け根	物が付いている、根元のところ。
418	手当て	けがや病気を治すために、薬をつけたり、注射をしたりすること。
419	手分け	一つの仕事を何人かで分けて受け持つこと。
420	目移り	他のものを見るたびに、次々と心が引かれること。

上の言葉を使って文を完成させましょう。

ア 転んでひざをすりむいてしまったので、保健室で（　　　）してもらった。

イ どれもおいしそうなメニューなので、（　　　）してなかなか注文が決まらない。

ウ みんなで（　　　）して荷物を片付ける。

エ 足の（　　　）が痛んで歩けない。

オ 神社で（　　　）のはんじょうを願う。

カ みんなからお祝いの言葉をたくさんもらったら、優勝した（　　　）がわいてきた。

答えは 86〜87ページ

83ページの答え
ア―証明（しょうめい）　イ―しょうげき　ウ―戦地（せんち）　エ―ヨーロッパ
オ―やつぎばや　カ―伝達（でんたつ）

番号	言葉	意味
421	一味	仲間。（主に、悪いことをする仲間のことをいう。）
422	いぶき	生き生きとした活動が始まろうとする様子・気配。
423	印象	心に強く受けた感じ。心に残ったもの。
424	うわめづかい（上目遣い）	顔を上げないで、目だけを上に向けて人の顔などを見ること。
425	区切り	物事の切れ目。
426	すったもんだ	さんざんもめて、まとまりがつかないこと。

上の言葉を使って文を完成させましょう。

ア 雪は残っているが、森には少しずつ春の（　　　）が感じられるようになってきた。

イ 相手によい（　　　）をあたえる。

ウ （　　　）があったが、ようやく開店にこぎつけた。

エ 空き巣をくり返していた（　　　）が、警察につかまった。

オ 弟は（　　　）で母の顔色をうかがった。

カ 仕事に（　　　）をつけて帰宅する。

84ページの答え　ア—かじょうがき　イ—許可（きょか）　ウ—安静（あんせい）　エ—視界（しかい）　オ—大にぎわい（おおにぎわい）　カ—原産（げんさん）

番号	言葉	意味
427	スリル	こわかったり、危なかったりして、どきどきする感じ。
428	先祖 ⇔ 子孫	今生きている家族より、前の代の人々。
429	総出	一人残らず出ること。
430	ちまなこ（血眼）	必死になって物事を行うこと。
431	節目	物事の区切りになるところ。
432	まだら	ちがう色や、こい色とうすい色が入り交じっていること。

上の言葉を使って文を完成させましょう。

ア 家族（　　　　）で引っこしの準備をする。

イ 中学校入学は、私の人生の（　　　　）の一つとなるだろう。

ウ 落とし物を（　　　　）になってさがす。

エ （　　　　）から伝えられてきた家宝を、祖父に見せてもらう。

オ 毛が白と茶の（　　　　）の犬を飼う。

カ 公開されたばかりの（　　　　）満点のぼう険映画を、家族と見に行った。

答えは 88～89ページ

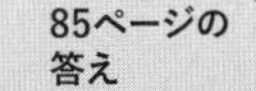
85ページの答え

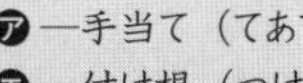
ア—手当て（てあて）　イ—目移り（めうつり）　ウ—手分け（てわけ）
エ—付け根（つけね）　オ—商売（しょうばい）　カ—実感（じっかん）

	言葉	意味
433	衛生	身の回りをきれいにして、病気にかからないようにすること。
434	改良	悪いところを直して、よりよいものに改めること。
435	かなた	あちら。遠くはなれた向こうのほう。
436	看病	病人の世話をすること。
437	かんべん（勘弁）	人の罪や要求を許すこと。
438	四六時中	一日中。いつも。

上の言葉を使って文を完成させましょう。

ア 祖父の大事なグラスを割ってしまったが、今回だけは（　　　）してやると言われた。

イ 母親が、熱を出した子どもをつきっきりで（　　　）する。

ウ 兄は、休日は（　　　）読書をしている。

エ 古い製品を（　　　）して新製品を作る。

オ 飲食店では、（　　　）に気をつけることが求められる。

カ 大空の（　　　）へ、白鳥が飛んでいく。

86ページの答え　ア—いぶき　イ—印象（いんしょう）　ウ—すったもんだ　エ—一味（いちみ）　オ—うわめづかい　カ—区切り（くぎり）

439 すずなり

木の実などが、すずがたくさん付いているように群がってなっていること。

440 せきばらい

人の注意を引いたり、のどの調子を整えたりするために、わざとせきをすること。

441 先手（せんて）

物事を人より先に行って、有利な立場に立つこと。

442 ちえ（知恵）

物事を正しく判断し、うまく処理する能力。

443 人気（ひとけ）

人のいる気配。人のいる様子。

444 ほんやく（翻訳）

ある言語で書かれた文章を、他の言語に直すこと。

上の言葉を使って文を完成させましょう。

ア 英語を日本語に（　　）する。

イ この辺りは、夜は（　　）がなくなる。

ウ 庭のかきが、（　　）になっている。

エ 洋服に付いた落ちにくいしみを、母の（　　）を借りて落とす。

オ ライバル会社が値下げをすると聞き、（　　）を打って半額まで値下げを行う。

カ 講演会の最中にとなりの人がいねむりをしていたので、（　　）をして起こす。

答えは 90〜91ページ

87ページの答え

ア―総出（そうで）　イ―節目（ふしめ）　ウ―ちまなこ　エ―先祖（せんぞ）　オ―まだら　カ―スリル

	言葉	意味
445	上辺（うわべ）	物事の表面。見かけ。
446	沿岸（えんがん）	海・湖・川などに沿った陸地。または、海・湖・川などの、陸に近い部分。
447	さいご（最期）	死ぬまぎわ。
448	さなか（最中）	物事がいちばんさかんなとき。最中。
449	修業（しゅぎょう）	学問や芸、わざなどを習って、身につけること。「しゅうぎょう」ともいう。
450	性質（せいしつ）	人が生まれつきもっている、心の様子。または、その物事がもっている特ちょう。

上の言葉を使って文を完成させましょう。

ア 家族全員で、祖父の（　　）をみとる。

イ 世界的に有名な店で（　　）を積んだ料理人が独立して、自分の店を出した。

ウ うちの犬は、おとなしい（　　）だ。

エ 物事の（　　）だけしか見ていないと、真実にはたどり着けない。

オ テレビ番組で、イタリアやフランスなど、地中海（　　）の国々をしょうかいしていた。

カ 大雨の（　　）に外出するはめになる。

88ページの答え　ア―かんべん　イ―看病（かんびょう）　ウ―四六時中（しろくじちゅう）　エ―改良（かいりょう）　オ―衛生（えいせい）　カ―かなた

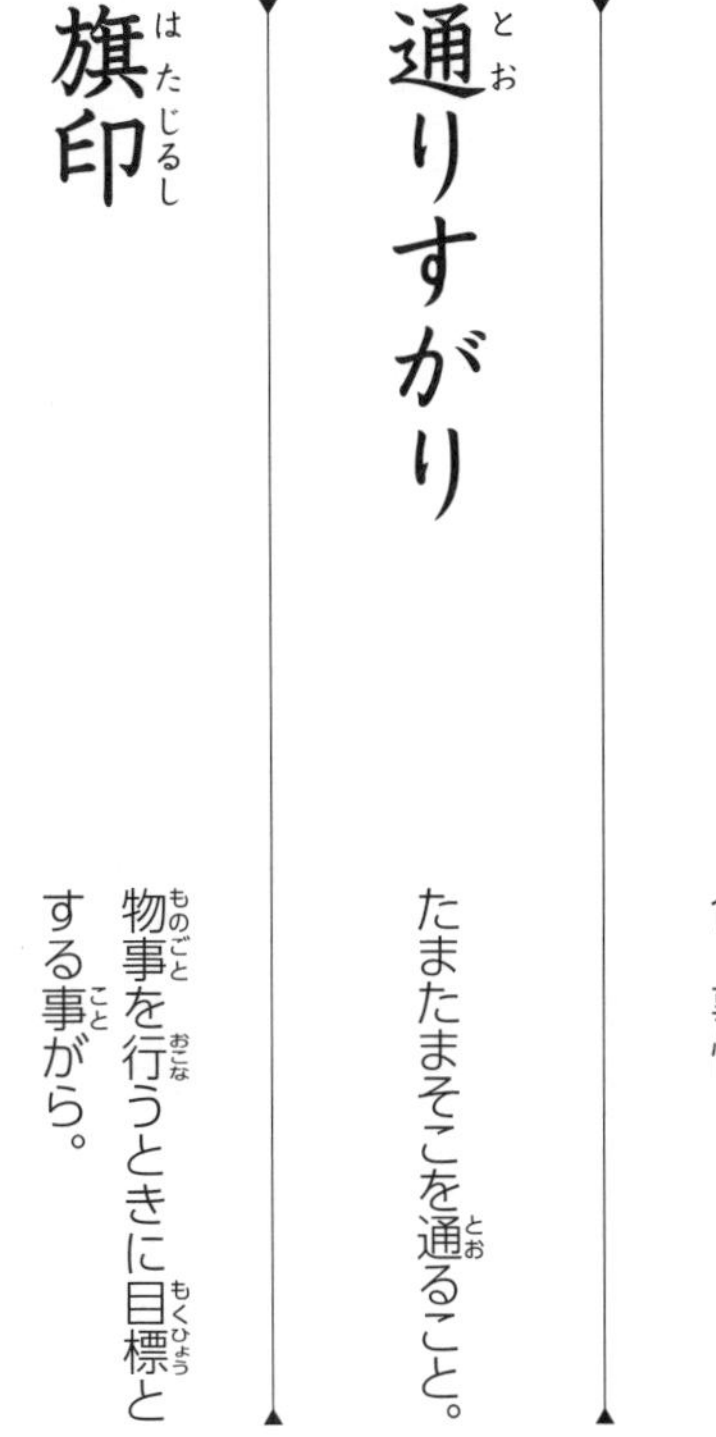

	言葉	意味
451	都合	あることをするときの具合。事情。
452	通りすがり	たまたまそこを通ること。
453	旗印	物事を行うときに目標とする事がら。
454	発生	新しく物事が起こること。
455	人手	人のしわざ。人の手。働き手。
456	民族	同じ祖先から出て、同じ言語・文化・生活様式などをもっている人々の集まり。

上の言葉を使って文を完成させましょう。

ア 家の近所で交通事故が（　　　）した。

イ 来週は、（　　　）が悪くて会えない。

ウ 雑木林や田んぼは、（　　　）を加えないとあれ果ててしまう。

エ 中国の山あいに住む少数（　　　）に伝わる工芸品を博物館で見る。

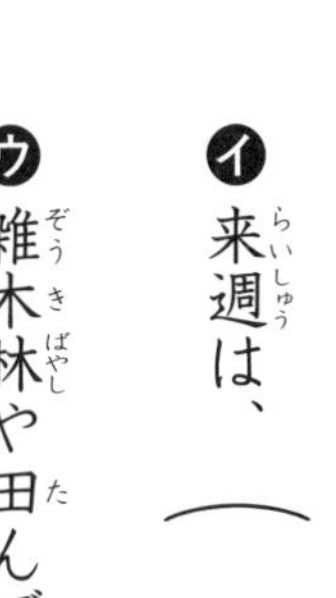

オ 政治改革を（　　　）にして選挙に出馬した候補者が、当選を果たした。

カ （　　　）の人に、駅までの道を聞く。

答えは 92〜93ページ

89ページの答え
ア—ほんやく　イ—人気（ひとけ）　ウ—すずなり　エ—ちえ　オ—先手（せんて）　カ—せきばらい

	言葉	意味
457	味わい	食べ物のうまみ。または、物事のおもしろみ。
458	うつぶせ ⇕ あおむけ	顔や腹を下にして、横たわった状態。
459	確保	しっかりと自分のものにしておくこと。
460	決着	物事の決まりがついて、終わりになること。
461	固定	ある決まった場所や状態にあって、動いたり変化したりしないこと。
462	さし絵（挿し絵）	新聞や本などの文章の中に入れる、その文章に関係のある絵。

上の言葉を使って文を完成させましょう。

ア 食器だなを、動かないようにしっかりと（　　）する。

イ 作業に必要な人員を（　　）する。

ウ 物語のとちゅうに（　　）があるので、場面の様子がよくわかる。

エ ベッドで（　　）になってねむる。

オ 香りがよく、さわやかな（　　）のある新茶を楽しむ。

カ 学級会での議論に（　　）がついた。

	言葉	意味
463	設立	学校や会社などを新しく作ること。
464	だげき（打撃）	物を強くたたくこと。また、心の痛手や物質的な損害。
465	血の気	血が通っている様子。
466	不自由	足りないことがあって、思うとおりにならないこと。
467	道しるべ	道の方向や道のり（きょり）などを書いて、道ばたに立ててあるもの。
468	持ち前	その人が生まれつきもっている性質。

上の言葉を使って文を完成させましょう。

ア 父が事故にあったと聞いて、母の顔からさっと（　　　）が引いた。

イ 姉は、（　　　）の明るさで、クラスの人気者になっている。

ウ 台風で、農作物が（　　　）を受ける。

エ 県立の総合病院が（　　　）される。

オ 何一つ（　　　）のない生活を送る。

カ 初めておとずれる土地でも、道ばたにある（　　　）に従っていけば大じょうぶだ。

答えは 94～95ページ

91ページの答え　ア―発生（はっせい）　イ―都合（つごう）　ウ―人手（ひとで）　エ―民族（みんぞく）　オ―旗印（はたじるし）　カ―通りすがり（とおりすがり）

番号	言葉	意味
469	快晴	空がきれいに晴れわたっていること。
470	顔色	顔の色つや。または、気持ちが表れた顔の様子。
471	切り札	最後に出す、とっておきの方法。
472	家来	主人に仕える人。従者。
473	原因 ⇕ 結果	物事が起きたり変化したりする、もとになること。
474	高れい（高齢）	かなり年を取っていること。

上の言葉を使って文を完成させましょう。

ア　この足あとが、容疑者が犯人であることを裏付ける、（　　　）となるかもしれない。

イ　事故の（　　　）をつきとめる。

ウ　しかられたあと、妹は母の（　　　）をうかがって、しばらくおとなしくしていた。

エ　祖母は、八十才をこえる（　　　）だが、とても元気だ。

オ　遠足の日は、（　　　）にめぐまれた。

カ　王様が、たくさんの（　　　）を従える。

92ページの答え　ア―固定（こてい）　イ―確保（かくほ）　ウ―さし絵（さしえ）　エ―うつぶせ　オ―味わい（あじわい）　カ―決着（けっちゃく）

番号	言葉	意味
475	さく引（索引）	本の中の言葉や事がらを、すぐに探せるように一定の順序に並べたもの。
476	終日	朝から晩まで。一日中。
477	修行	仏教の教えに従って、心の迷いをなくし、物事の正しい道を知る努力をすること。
478	初歩	物事の習い始め。
479	手入れ	世話をして、きれいにしたり直したりすること。
480	点字	目の不自由な人が指先でふれて読めるよう、飛び出させた点で文字を表したもの。

上の言葉を使って文を完成させましょう。

ア 家電製品のボタンには、目が不自由な人のために（　　　）が付いている。

イ 英会話を（　　　）から学ぶ。

ウ 道路は、工事のため（　　　）通行止めだ。

エ 植え木に水をやったり、雑草をぬいたりして、庭の（　　　）をする。

オ 植物図かんの巻末にある（　　　）を見て調べる。

カ 厳しい（　　　）を積んだおぼうさんから話を聞く。

答えは 96〜97ページ

93ページの答え
ア―血の気（ちのけ）　イ―持ち前（もちまえ）　ウ―だげき　エ―設立（せつりつ）
オ―不自由（ふじゆう）　カ―道しるべ（みちしるべ）

七・八月の言葉

学習日

月　日（　）

32 七夕

【七夕】
七月七日の夜に行われる星祭り。竹の枝に、願いごとを書いた短冊やかざりを下げる。この夜、天の川をはさんで、おりひめとひこ星が出会うという中国の伝説による。

【短冊】
和歌や俳句などを書く、細長い紙。願いごとや絵などをかくのにも使う。

33 暑中見舞い

夏の暑いころ、知り合いの様子をたずねること。また、その手紙。

34 蚊帳

ねるときに、蚊を防ぐために部屋につり下げるおおい。

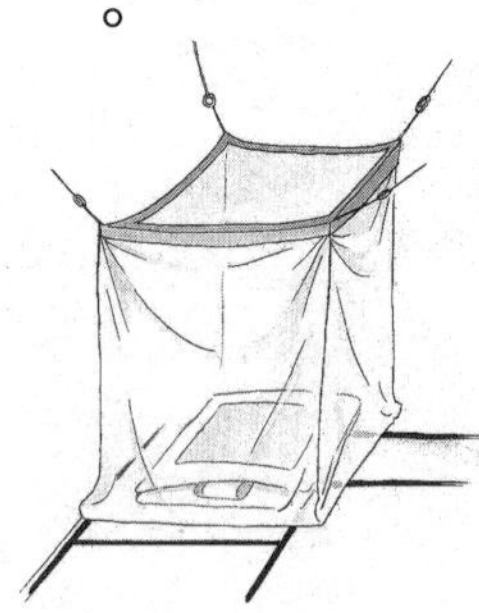

35 立秋

こよみのうえで、秋が始まる日。八月八日ごろ。

94ページの答え　ア―切り札（きりふだ）　イ―原因（げんいん）　ウ―顔色（かおいろ）　エ―高れい（こうれい）　オ―快晴（かいせい）　カ―家来（けらい）

36 お盆

【お盆】
七月または八月の十三日から十六日に行う、先祖の霊をなぐさめる行事。この期間、死んだ人のたましいは家に帰ってきているといわれる。仏だんの前に花や食べ物を供えたり、ちょうちんをかざったりする。

【迎え火】
お盆の最初の日、先祖の霊を迎えるために、家の出入り口でおがら（皮をはいだ麻のくき）などを燃やしてたく火のこと。

【送り火】
お盆の最後の日、家に帰っていた先祖の霊を送るためにたく火のこと。

37 残暑見舞い

立秋が過ぎてもまだ残っている暑さの中、知り合いの様子をたずねること。また、その手紙。

38 天気の言葉

【稲妻】
空中の電気の放電による強い光。稲光。

【どしゃぶり】
雨が激しく降ること。また、その雨。

【入道雲】
よく晴れた夏の空に、高く盛り上がる雲。積乱雲。

【夕立】
夏の夕方ごろ、急に降り出してすぐにやむ、激しい雨。

95ページの答え
ア―点字（てんじ）　イ―初歩（しょほ）　ウ―終日（しゅうじつ）
エ―手入れ（ていれ）　オ―さく引（さくいん）　カ―修行（しゅぎょう）

学習日 月 日（ ）

	言葉	意味
1	あおぐ（仰ぐ）	顔を上に向けて見る。
2	至る	行き着く。または、ある状態になる。
3	いる（煎る）	なべなどに入れた材料を、かき混ぜながら水分がなくなるまで熱する。
4	うずくまる	体を丸く縮めてしゃがみこむ。
5	おちいる（陥る）	落ちて、中に入る。または、計略にはまる。
6	したたる	しずくになって落ちる。

上の言葉を使って文を完成させましょう。

ア 節分の豆を（　　　）。

イ 額から（　　　）あせをぬぐう。

ウ 頂上に（　　　）山道は、土砂くずれで通行止めになった。

エ とつぜんおなかが激しく痛み、道ばたに（　　　）。

オ 敵のわなに（　　　）。

カ 満天の星を（　　　）。

	言葉	意味
7	ただよう（漂う）	うかんでゆれ動く。
8	とじる（綴じる）	紙などを重ね合わせて、糸などで一つにまとめる。
9	ねぎらう	苦労してつくしてくれた人に、感謝するために何かをする。
10	練り歩く	列を作って、ゆっくり歩く。
11	奮い起こす	自分で自分をはげまし、元気づける。
12	よぎる	通り過ぎる。通過する。

上の言葉を使って文を完成させましょう。

ア 秋祭りのおみこしが町を（　　　）。

イ どんなことがあっても必ずやりとげようと決心し、勇気を（　　　）。

ウ 作文を書いた原こう用紙を（　　　）。

エ 不安な思いが頭を（　　　）。

オ きりが（　　　）高原を歩く。

カ いつもみんなの世話をしてくれる祖母を（　　　）ために、夕食会を開いた。

答えは 100～101ページ

番号	言葉	意味
13	うらやむ	自分よりもめぐまれている人を見て、自分もそうなりたいと思う。
14	構う	気を配る。気にする。
15	かわす（交わす）	たがいにし合う。やりとりする。
16	暮れる	日がしずんで、辺りが暗くなる。
17	ごった返す	ひどく混み合う。混雑する。
18	定める	決める。決定する。

上の言葉を使って文を完成させましょう。

ア この通りは、日が（　　）ころになると、通行する人が少なくなる。

イ 規則を（　　）ための話し合いをする。

ウ 周りの人に（　　）ことなく、自分の思うままに行動する。

エ 人が（　　）ほどの幸運にめぐまれる。

オ とてもいそがしかったので、友達と言葉を（　　）ひまもなかった。

カ 大勢の人で（　　）駅に着いた。

98ページの答え　ア—いる　イ—したたる　ウ—至る（いたる）　エ—うずくまる　オ—おちいる　カ—あおぐ

	言葉	意味
19	すたれる（廃れる）	おとろえる。すたる。行われなくなる。
20	たどる	少しずつ確かめながら進む。
21	つむぐ（紡ぐ）	綿やまゆからせんいを取り出して、糸にする。
22	のぼせる	頭に血がのぼってぼうっとなる。
23	はやる	早くしたくて、あせる。勇み立つ。
24	ひそめる（潜める）	外に現れ出ないようにする。静かにする。

上の言葉を使って文を完成させましょう。

ア 三年ぶりに外国から帰ってくるおじに、一刻も早く会いたいと、心が（　　　）。

イ 糸車を回して、糸を（　　　）。

ウ 昔からの習慣が（　　　）。

エ 湯船に長くつかりすぎて、（　　　）。

オ なくなった祖父のことを作文に書くために、幼いころの記憶を（　　　）。

カ 人に聞かれないように、声を（　　　）。

答えは 102～103ページ

99ページの答え
ア—練り歩く（ねりあるく）　イ—奮い起こす（ふるいおこす）　ウ—とじる
エ—よぎる　オ—ただよう　カ—ねぎらう

	言葉	意味
25	うごめく	絶えず、細かく動く。
26	えぐる	くりぬく。または、強い苦しみをあたえる。
27	おしはかる（推し量る・推し測る）	知っていることをもとにして、見当をつける。
28	かすめる	すぐそばを通り過ぎる。
29	きらめく	きらきらと光る。かがやく。
30	栄える	勢いがさかんになる。

上の言葉を使って文を完成させましょう。

ア 夜空に星が（　　　　）。

イ 戦争は、人々の胸を（　　　　）ような悲しみをもたらした。

ウ 人々が豊かになり、文明が（　　　　）。

エ 小さな虫が（　　　　）様子を、虫めがねを使って観察した。

オ とんぼが水面を（　　　　）ようにして飛んでいる。

カ 表情を見て、相手の気持ちを（　　　　）。

100ページの答え　ア―暮れる（くれる）　イ―定める（さだめる）　ウ―構う（かまう）　エ―うらやむ　オ―かわす　カ―ごった返す（ごったがえす）

31　32　33　34　35　36

	言葉	意味
31	しおれる	水分がなくなってしぼむ。または、元気がなくなる。
32	そびえ立つ	高くつき出るように立っている。
33	たまげる	とてもおどろく。びっくりする。
34	取り巻く	周りをぐるりと囲む。
35	はぜる	勢いよくさけて割れる。はじける。
36	もつれる	糸などがからみ合う。または、物事がうまくいかなくなる。

上の言葉を使って文を完成させましょう。

ア　おじさんは、みんなが（　　　）ほどたくさんのおみやげを持ってきてくれた。

イ　花びんに生けた花が（　　　）。

ウ　意見が分かれて、話し合いが（　　　）。

エ　ひときわ高く（　　　）岩山を見上げる。

オ　*ほうせんかの実が（　　　）。

*夏から秋にかけて花をさかせる一年草。

カ　集まってきた大勢のファンが、人気歌手を（　　　）。

答えは 104～105ページ

101ページの答え
ア—はやる　イ—つむぐ　ウ—すたれる　エ—のぼせる　オ—たどる　カ—ひそめる

	言葉	意味
37	あやす	赤んぼうや幼い子どものきげんをとる。
38	いじける	ひねくれて、元気がなくなる。
39	うずもれる	物の下や中にかくれる。うもれる。
40	およばない	かなわない。追いつけない。
41	かがむ	足やこしを曲げて、体を低くする。しゃがむ。
42	さらす	（見せたくないものを）多くの人々に見せる。

上の言葉を使って文を完成させましょう。

ア 人前で、はじを（　　　　）。

イ 計算の速さでは、かれにはだれも（　　　　）。

ウ 足元のごみを拾うために（　　　　）。

エ 周りの人たちがみんなで（　　　　）と、赤ちゃんは、にっこり笑った。

オ あまり強くしかると、（　　　　）子どももいる。

カ 犬小屋が雪に（　　　　）。

102ページの答え　ア—きらめく　イ—えぐる　ウ—栄える（さかえる）　エ—うごめく　オ—かすめる　カ—おしはかる

	言葉	意味
43	しげる（茂る）	枝や葉がのびて、重なり合うほど多くなる。
44	すがる	助けを求めて、たよりにする。
45	せがむ	願いをかなえてくれるように、しつこくたのむ。
46	ともす	火をつける。明かりをつける。
47	ひしめく	集まった大勢の人がおし合う。
48	ほてる	顔や体などが熱くなる。

上の言葉を使って文を完成させましょう。

ア はずかしさで顔が（　　　　）。

イ ランプに明かりを（　　　　）。

ウ 秋祭りに出るおみこしを見ようと、見物客が（　　　　）。

エ 新しいゲームを買ってほしいと、親に（　　　　）。

オ 自分一人ではとても解決できないことがわかり、友人の力に（　　　　）ことにした。

カ 若葉が（　　　　）季節になった。

答えは 106〜107ページ

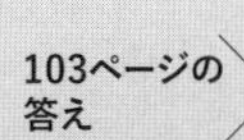
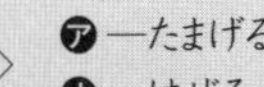
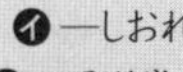

103ページの答え
ア―たまげる　イ―しおれる　ウ―もつれる　エ―そびえ立つ（そびえたつ）
オ―はぜる　カ―取り巻く（とりまく）

	言葉	意味
49	あさる	えさなどを得ようとしてさがし求める。
50	意気ごむ	やる気を起こす。張り切る。
51	おおう（覆う）	かぶせる。ふさぐ。
52	こらしめる（懲らしめる）	二度と悪いことをしないようにさせる。こりさせる。
53	せっぱつまる（切羽詰まる）	どうしようもなくなる。追いつめられる。
54	立ちつくす	いつまでも立ったままでいる。

上の言葉を使って文を完成させましょう。

ア 落ち葉が地面を（　　　）。

イ いたずらっ子を（　　　）。

ウ 後で（　　　）ことのないよう、今のうちからしっかり準備しておこう。

エ 台風でこわれてしまった家の前で、ぼうぜんと（　　　）。

オ からすがごみ捨て場でえさを（　　　）。

カ 今度こそ優勝しようと、（　　　）。

104ページの答え　ア―さらす　イ―およばない　ウ―かがむ　エ―あやす　オ―いじける　カ―うずもれる

	言葉	意味
55	つんのめる	勢いよく、前にたおれそうになる。
56	にぎわう	人が大勢集まり、混み合う。にぎやかになる。
57	化かす	だまして迷わせる。
58	ひからびる	すっかりかわく。水分がなくなる。
59	まどろむ	少しの間、うとうととねむる。
60	やとう（雇う）	お金をはらって、人を使う。

上の言葉を使って文を完成させましょう。

ア 走っている選手がゴール前で（　　　　）のを見て、ひやっとした。

イ 工場で働く人を、新しく（　　　　）。

ウ 日照りが続き、田んぼが（　　　　）。

エ たぬきが人を（　　　　）物語を読んだ。

オ 大勢の買い物客で商店街が（　　　　）。

カ 暖かな日差しを浴びて、祖父が気持ちよさそうに（　　　　）のを見て、ぼくもねむくなった。

答えは 108〜109ページ

105ページの答え　ア—ほてる　イ—ともす　ウ—ひしめく　エ—せがむ　オ—すがる　カ—しげる

九・十月の言葉

39 月の形と呼び方

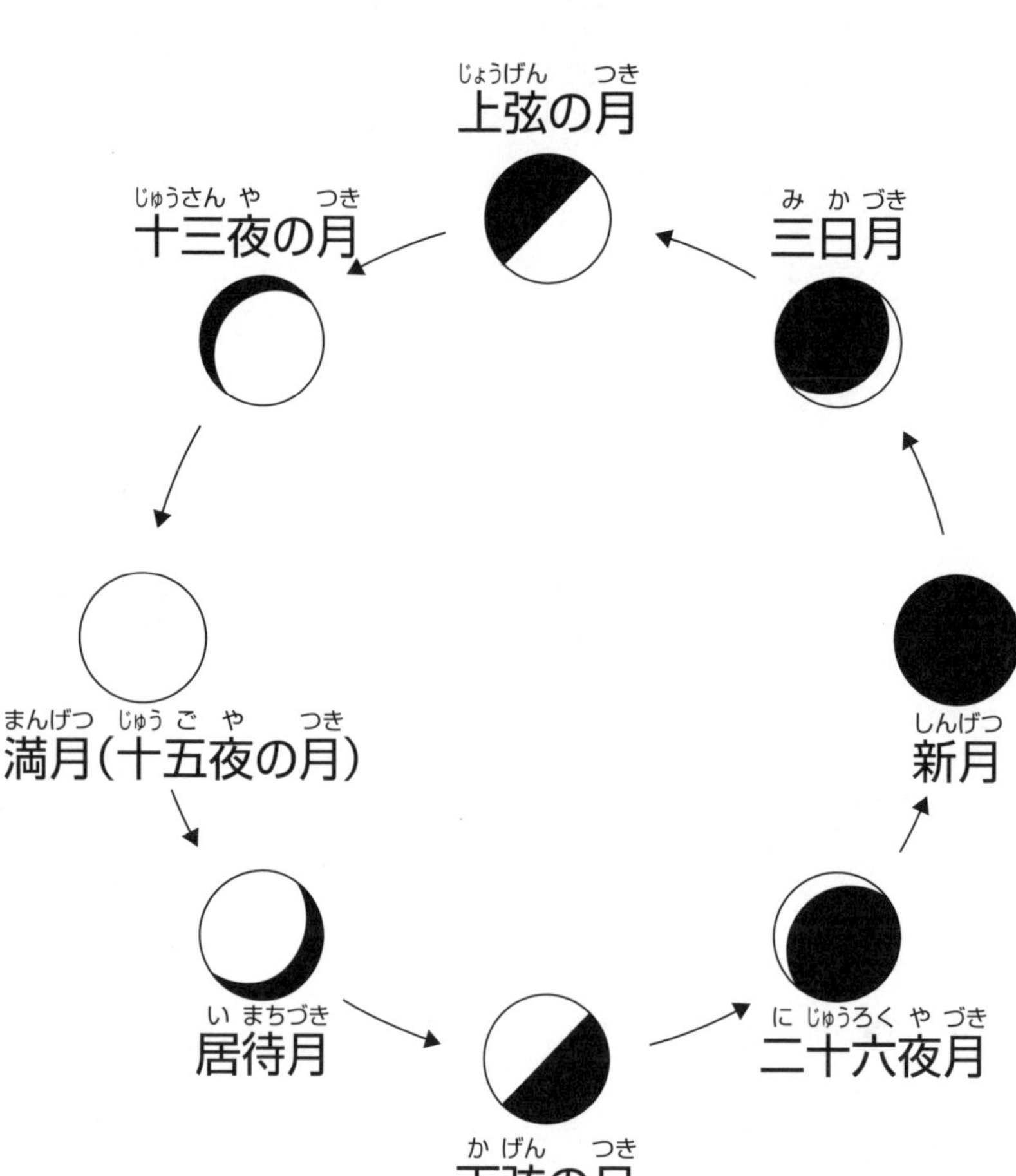

月の満ち欠けは、およそ一か月ごとにくり返される。昔の人々は、月の満ち欠けによって月日を知り、農作業や祭事を行ってきた。月は新月では見えず、三日月・上弦の月と大きくなり、十五日めに満月となる。その後、今度は反対側から欠けていく。日本では古来から、姿を変える月ごとに名前をつけて親しんできた。

学習日　月　日（　）

106ページの答え
ア―おおう　イ―こらしめる　ウ―せっぱつまる　エ―立ちつくす（たちつくす）
オ―あさる　カ―意気ごむ（いきごむ）

40 月見

【月見】

月をながめて楽しむこと。特に、旧暦の八月十五日と九月十三日の月に供え物をして、ながめ、ほめ味わうこと。秋の収かくを祝って、だんごやいも、豆、季節の果物などを供え、秋の七草（おもにすすき）をかざる。


【十五夜】

旧暦で毎月十五日の夜。特に、八月十五日の夜。昔は七月から九月までが「秋」とされていたので、真ん中の八月は「中秋」といわれた。それで、この日の夜に出る月を「中秋の名月」といって、供え物をし、月見を楽しんだ。

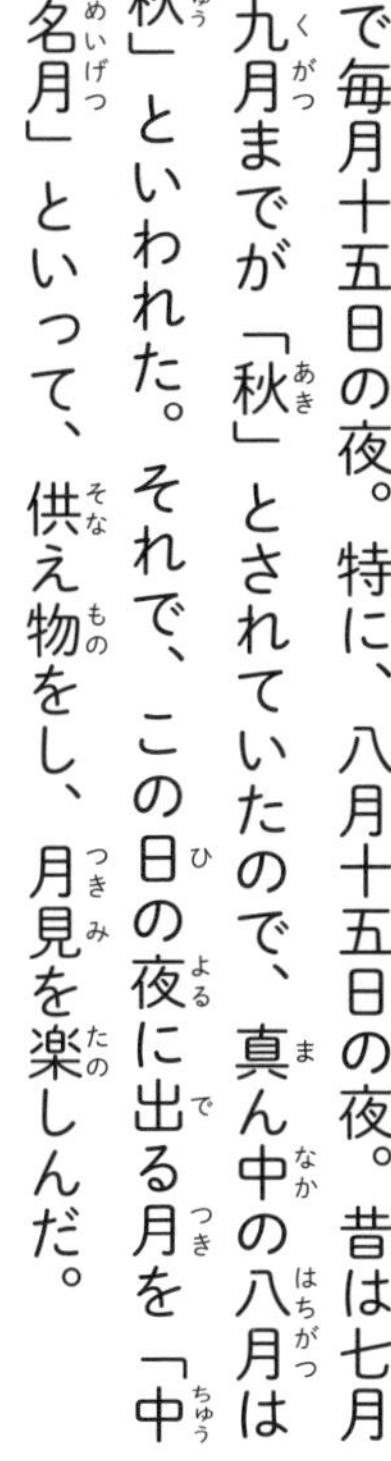

41 二百十日

立春（二月四日ごろ）から数えて、二百十日めの日。九月一日ごろ。稲が開花するころで、台風が来ることが多い。

42 秋分

秋の彼岸の中日。太陽が真東から出て真西にしずみ、昼と夜の長さがほぼ同じになる。九月二十三日ごろ。

43 夜つゆ

夜の間に降りるつゆ。空気中の水蒸気が冷えて液体になったもの。

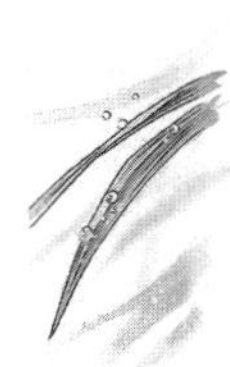

107ページの答え
ア—つんのめる　イ—やとう　ウ—ひからびる　エ—化かす（ばかす）
オ—にぎわう　カ—まどろむ

言葉	意味
61 営む	休みなく行う。または、経営する。
62 うるむ（潤む）	水気を帯びる。
63 かえりみる（省みる）	ふり返って考える。反省する。
64 きりぬける（切り抜ける）	苦しい状態から、なんとかぬけ出す。
65 しこむ	教えこむ。しつける。
66 つくろう（繕う）	いたんだものを直す。

上の言葉を使って文を完成させましょう。

ア 今日一日の自分の行いを（　　　）。

イ 穴のあいた手ぶくろを（　　　）。

ウ 家族が協力して飲食店を（　　　）。

エ あまりにも悲しい物語だったので、読んでいるうちに目が（　　　）のをおさえられなかった。

オ 降りかかる困難を（　　　）ためには、みんなの協力が必要だ。

カ 師しょうが弟子にわざを（　　　）。

	言葉	意味
67	とらえる	しっかりつかむ。自分のものにする。
68	ぬぐう	ふき取る。
69	ひるがえす	裏返す。または、考えや態度を急に変える。
70	まぬがれる	よくないことにあわないで済む。「まぬかれる」ともいう。
71	よりそう（寄り添う）	体や心をすぐそばに寄せる。
72	よろめく	ふらふらする。よろける。

上の言葉を使って文を完成させましょう。

ア 山道で石につまずいて（　　　）。

イ 反対する人がどんなに多くても、ぼくは自分の主張を（　　　）つもりはない。

ウ テーブルのよごれをふきんで（　　　）。

エ 予定を変こうしたおかげで、事故を（　　　）ことができた。

オ 母親が子どもにぴったりと（　　　）。

カ 要点を（　　　）ために、何度も読む。

答えは 112～113ページ

番号	言葉	意味
73	言い放つ	遠りょなく、はっきり言う。
74	うかがう（伺う）	お聞きする。または、お訪ねする。
75	買って出る	自分から進んで引き受ける。
76	きしむ	かたい物がこすれ合って音がする。きしる。
77	しゃくり上げる	息を吸いこむようにして泣く。
78	平らげる	残らず食べる。

上の言葉を使って文を完成させましょう。

ア お客様のご希望を（　　　　）。

イ 人が座ると、古いいすが（　　　　）。

ウ ある選手が、自分が出場すれば必ず勝てると（　　　　）のを聞き、全員がおどろいた。

エ ごちそうを、あっという間に（　　　　）。

オ 小さな子が迷子になりかけて（　　　　）のを見つけて、係員がかけ寄る。

カ 町内会の連らく係を（　　　　）。

110ページの答え　ア―かえりみる　イ―つくろう　ウ―営む（いとなむ）　エ―うるむ　オ―きりぬける　カ―しこむ

	言葉	意味
79	とどめる	もとの形のまま、後に残す。
80	にじみ出る	表面に表れてくる。
81	ひたる（浸る）	水などにつかる。または、夢中になる。ある状態にとらわれる。
82	まかなう（賄う）	限られた費用や人員などで、何とか間に合わせる。やりくりする。
83	もがく	苦しんで、手足や体をしきりに動かす。
84	やり過ごす	通り過ぎさせる。

上の言葉を使って文を完成させましょう。

ア 大学生がアルバイトをして、生活費を（　　　）。

イ プールでおぼれそうになって、（　　　）。

ウ 同じまちがいをしないように、しっかり記おくに（　　　）。

エ とても暑くて、額にあせが（　　　）。

オ 混んでいたので、バスを一台（　　　）。

カ 幼かったころの思い出に（　　　）。

答えは 114〜115ページ

111ページの答え　ア―よろめく　イ―ひるがえす　ウ―ぬぐう　エ―まぬがれる　オ―よりそう　カ―とらえる

	言葉	意味
85	有り余る	余るほどたくさんある。
86	かざす	何かをおおうように、物や手を差しかける。
87	試みる	実際にやってみる。ためす。
88	こしらえる	手を加えて作り上げる。
89	仕留める	ねらって手に入れる。えものをうち殺す。
90	たたずむ	しばらく立ち止まっている。

上の言葉を使って文を完成させましょう。

ア　りょう師が熊を（　　　　）。

イ　科学者が新しい実験を（　　　　）。

ウ　夕日を背に庭に（　　　　）祖父のかげが、長くのびていた。

エ　庭のすみに小さな花だんを（　　　　）。

オ　大発明をした発明家が、（　　　　）ほどの財産を得た。

カ　太陽がまぶしいので、手を（　　　　）。

112ページの答え　ア―うかがう　イ―きしむ　ウ―言い放つ（いいはなつ）　エ―平らげる（たいらげる）　オ―しゃくり上げる（しゃくりあげる）　カ―買って出る（かってでる）

	言葉	意味
91	ついばむ	くちばしでつついて食べる。
92	なびく	草や布などが、風や水の流れの方向にゆれ動く。
93	省く	取り除く。減らす。
94	へだてる（隔てる）	分ける。しきる。遠ざける。
95	導く	指導する。よいほうに進ませる。
96	ゆすぐ	水で洗ってよごれをなくす。すすぐ。

上の言葉を使って文を完成させましょう。

ア 仕事を早く終わらせるためには、むだな時間を（　　　）ことが大切だ。

イ 先生が生徒を正しく（　　　）。

ウ 石けんの付いたタオルを（　　　）。

エ 風に（　　　）こいのぼりを見上げる。

オ 小鳥がえさを（　　　）。

カ 戦争が終わり、平和がもどってからは、二つの国を（　　　）ものは、なくなった。

答えは 116〜117ページ

113ページの答え　ア―まかなう　イ―もがく　ウ―とどめる　エ―にじみ出る（にじみでる）　オ―やり過ごす（やりすごす）　カ―ひたる

番号	言葉	意味
97	頂く	頭にのせる。かぶる。
98	うだる	ゆだる。または、暑さでぐったりする。
99	おびえる	こわがる。びくびくする。
100	こもる	中につまって、いっぱいになる。
101	さえぎる（遮る）	間に入ってじゃまをする。
102	しのぐ	こらえる。がまんする。乗り切る。

上の言葉を使って文を完成させましょう。

ア 人の話をとちゅうで（　　　　）のは、よくない。

イ 今年の夏は（　　　　）ような暑さが続いたせいで、体の調子が悪い。

ウ 雪を（　　　　）富士山の姿が美しい。

エ 厚い毛布にくるまって寒さを（　　　　）。

オ 子どもが犬にほえられて（　　　　）。

カ 魚を焼くと、部屋ににおいが（　　　　）ので、窓を開けておく。

114ページの答え　ア—仕留める（しとめる）　イ—試みる（こころみる）　ウ—たたずむ　エ—こしらえる　オ—有り余る（ありあまる）　カ—かざす

	言葉	意味
103	すねる	人の言うことをすなおに聞かない。おこって意地を張る。
104	絶やす	すっかりなくす。絶つ。
105	率いる	大勢の人々の上に立って、指図する。
106	ほうむる	世間からかくして、知られないようにする。
107	まぎらす（紛らす）	他のことに心を向けて、気分が晴れるようにする。「まぎらわす」ともいう。
108	まみれる	よごれなどが、一面に付く。

上の言葉を使って文を完成させましょう。

ア 今年の夏休みは父のいなかで過ごして、毎日、どろに（　　　）ほど遊んだ。

イ 事件をやみに（　　　）。

ウ 害虫を（　　　）ために薬をまく。

エ 母に注意されて、弟が（　　　）。

オ 本を読んで退くつを（　　　）。

カ チームを（　　　）かんとくが、テレビで、インタビューに答えていた。

答えは118～119ページ

115ページの答え
ア―省く（はぶく）　イ―導く（みちびく）　ウ―ゆすぐ　エ―なびく　オ―ついばむ　カ―へだてる

	言葉	意味
109	うるおす（潤す）	しめり気をあたえる。または、豊かにする。
110	おっしゃる	「言う」の敬った言い方。
111	かせぐ（稼ぐ）	（働いて）お金を得る。
112	くいちがう（食い違う）	うまく合わない。ずれる。
113	さまよう	あてもなく歩き回る。あちこち動く。
114	供える	神や仏の前に差し上げる。

上の言葉を使って文を完成させましょう。

ア よくわかりましたので、先生が（　　　）とおりにいたします。

イ 二人の証言が（　　　）。

ウ 仏だんに花を（　　　）。

エ 大学生の姉は、飲食店でアルバイトをして学費を（　　　）ことにしたそうだ。

オ 道に迷って駅の周辺を（　　　）。

カ 久しぶりの雨が、田や畑を（　　　）。

116ページの答え　ア—さえぎる　イ—うだる　ウ—頂く（いただく）　エ—しのぐ　オ—おびえる　カ—こもる

名前の言葉
動き・様子の言葉
表現を豊かにする言葉

	言葉	意味
115	立ちはだかる	立ってじゃまをする。立ちふさがる。
116	たなびく	雲やきりなどが横に長くかかる。
117	はかどる	物事がどんどん進む。
118	まつわる	関わりがある。関連する。
119	見とれる	心をうばわれて見る。うっとりと見続ける。
120	めぐらす（巡らす）	周りを囲む。または、頭を働かせて考える。くふうする。

上の言葉を使って文を完成させましょう。

ア 相手に勝つために考えを（　　）。

イ 目の前に（　　）岩山を見上げて、ため息をついた。

ウ 勉強が（　　）ようなかん境を作る。

エ かすみが（　　）春の山の景色がすばらしい。

オ ガイドさんがお寺に（　　）昔話を観光客に話している。

カ 色とりどりの美しい花に（　　）。

答えは 120〜121ページ

117ページの答え　ア―まみれる　イ―ほうむる　ウ―絶やす（たやす）　エ―すねる　オ―まぎらす　カ―率いる（ひきいる）

	言葉	意味
121	いてつく	こおりつく。
122	補う	不足をうめ合わせる。付け足す。
123	おとる（劣る）	他と比べて、値打ちや力が下である。
124	かげる（陰る）	光がうすくなる。少し暗い感じになる。
125	ざわめく	さわがしくなる。ざわつく。
126	訪ねる	人の家や、ある場所に行く。おとずれる。

上の言葉を使って文を完成させましょう。

ア 実力が（　　　）とは思えないが、わがチームはあのチームになかなか勝てない。

イ 知り合いの家を（　　　）。

ウ 人気歌手のとつぜんの登場に、会場が（　　　）。

エ（　　　）ような寒さの中を歩いた。

オ 旅行の費用を（　　　）ために、兄はアルバイトを始めた。

カ 空に雲が広がって、日が（　　　）。

127 128 129 130 131 132

	言葉	意味
127	つらぬく（貫く）	つき通す。または、終わりまでやり通す。
128	とざす（閉ざす）	閉める。閉めて通れなくする。
129	ひそむ（潜む）	こっそりかくれる。外に現れない。
130	ほろびる（滅びる）	おとろえて、なくなる。ほろぶ。
131	みなぎる	あふれるくらいになる。満ちあふれる。
132	わずらう	病気になる。病む。

上の言葉を使って文を完成させましょう。

ア 建物が入り口を固く（　　　　）。

イ ぜんそくを（　　　　）祖母は、いつも薬を持ち歩いている。

ウ 自分の意志を最後まで（　　　　）。

エ 何百年も続いた王国が（　　　　）。

オ どうくつのおくに（　　　　）こうもりは、夜になると外に飛び出した。

カ 試合を前にして、気力が（　　　　）。

答えは 122〜123ページ

119ページの答え
ア―めぐらす　イ―立ちはだかる（たちはだかる）　ウ―はかどる　エ―たなびく
オ―まつわる　カ―見とれる（みとれる）

十一・十二月の言葉(1)

学習日　月　日（　）

44 立冬

こよみのうえで、冬が始まる日。十一月八日ごろ。

45 冬至

一年のうちで、太陽が最も南に寄る日。日本のある北半球では、昼がいちばん短く、夜がいちばん長くなる。南半球では、その反対になる。十二月二十二日ごろ。この日に、ゆず湯に入ったり、かぼちゃを食べたりすると、病気にならないといわれている。

46 もちつき

うすときねを使って、蒸したもち米をつくこと。もちは特別な日の食べ物で、大切な年中行事などのときに食べる。特に正月には欠かせない。ふつう、正月のもちは、十二月二十五日ごろから三十日までにつく。しかし、二十九日は「九」が「苦」につながってよくないとされ、また、三十一日につくもちは「一夜もち」といってきらわれるので、これらの日をさける風習が各地に残っている。

きね

うす

47 すすはらい

新しい年をむかえるために、一年間のすす（よごれ）をはらって、家などを清めること。昔は、十二月十三日に行っていたが、今は「大そうじ」とよんで、年末に行う家が多い。

48 大みそか

【みそか】

月の最後の日。月末の日。

【大みそか】

一年の最後の日。十二月三十一日。「大つごもり」ともいう。「みそか」に対し、一年最後の月のみそかなので、「大」をつけて「大みそか」という。

49 除夜の鐘

大みそかの夜（除夜）十二時から、年明けにかけて寺でつく鐘。百八回つく。人間の心には百八のなやみや苦しみがあり、それを取り除くためにつくといわれている。

50 年越しそば

大みそかの夜に食べるそば。長いものを食べると長生きできるとか、そばは金や銀をそばに集めるよいものなどといわれている。

121ページの答え　ア—とざす　イ—わずらう　ウ—つらぬく　エ—ほろびる　オ—ひそむ　カ—みなぎる

	言葉	意味
133	改める	新しく変える。よいものに直す。
134	おだてる	ほめて、いい気分にさせる。
135	思い余る	考えても、どうしてよいかわからず、困る。
136	切り立つ	縦に切ったように、まっすぐ高く立つ。
137	さしかかる（差し掛かる）	ちょうど、その場所に来る。
138	したためる	書き記す。

上の言葉を使って文を完成させましょう。

ア　バスが急な上り坂に（　　　　）。

イ　感謝を伝えるために手紙を（　　　　）。

ウ　（　　　　）ようなことがあったらいつでも相談に来るように、先生から言われる。

エ　時代に合わなくなった規則を（　　　　）。

オ　目の前に（　　　　）がけを見上げる。

カ　弟は、（　　　　）と、いつでも大喜びでぼくの手伝いをしてくれる。

	言葉	意味
139	なつく	なれて、親しむ。
140	にげまどう（逃げ惑う）	にげようとして、うろうろする。
141	ふみにじる（踏みにじる）	人の気持ちや体面を傷つける。
142	ほぐす	固くなっているものを、やわらかくする。
143	設ける	こしらえる。備える。
144	もたれる	寄りかかる。

上の言葉を使って文を完成させましょう。

ア 友達の好意を（　　　）ようなことは、したくない。

イ ふかふかのソファーに（　　　）。

ウ とつ然強い雨が降り始めたので、外にいた人々がぬれるのをさけようと（　　　）。

エ うちの犬は、だれにでもよく（　　　）。

オ かたや首のこりを（　　　）。

カ 駅のホームに待合室を（　　　）。

答えは 126～127ページ

言葉	意味
145 いろどる	いろいろな色をつける。
146 うれる（熟れる）	熟す。果物が食べごろになる。
147 かじかむ	寒さで、手足が自由に動かなくなる。
148 かなでる	楽器をひく。演奏する。
149 しぶる（渋る）	いやがる。すなおに従わない。
150 立ちこめる	きりやけむりなどが辺り一面をおおう。

上の言葉を使って文を完成させましょう。

ア きりが（　　　）森の中を、どこまでも歩いていく。

イ 紅葉が山を（　　　）季節となる。

ウ 有名なピアニストが（　　　）音色に聞き入る。

エ 風が冷たいので、手が（　　　）。

オ 手伝いを（　　　）妹を、なだめたりおだてたりして、なんとか言うことを聞かせた。

カ 秋は、かきの実が（　　　）季節だ。

124ページの答え　ア―さしかかる　イ―したためる　ウ―思い余る（おもいあまる）　エ―改める（あらためる）　オ―切り立つ（きりたつ）　カ―おだてる

言葉	意味
151 つぶやく	小声で独り言を言う。
152 とどろく	鳴りひびく。
153 はぐれる	いっしょにいた人を見失い、はなれてしまう。
154 ふみとどまる（踏みとどまる）	足に力を入れて動かない。または、その場所に残る。
155 もてなす	人をていねいにあつかう。または、ごちそうする。
156 よみがえる	生き返る。もとにもどる。

上の言葉を使って文を完成させましょう。

ア 母が料理を作って客を（　　　　）。

イ 災害にあった人たちを助けるために、しばらく現地に（　　　　）ことにした。

ウ 人通りの多い商店街で、母と（　　　　）。

エ 家のかぎが見当たらず、「困ったな」と小さな声で（　　　　）。

オ 幼いころの記おくが（　　　　）。

カ かみなりの音が（　　　　）。

答えは 128〜129ページ

125ページの答え
ア—ふみにじる　イ—もたれる　ウ—にげまどう　エ—なつく　オ—ほぐす
カ—設ける（もうける）

	言葉	意味
157	うせる	なくなる。見えなくなる。
158	拝む	敬って礼をする。いのる。
159	落ちぶれる	地位や暮らしがみじめな状態になる。
160	欠かす	行うべきことを、しないで済ませる。
161	たたえる	ほめる。
162	保つ	長く続ける。守る。

上の言葉を使って文を完成させましょう。

ア 手を合わせて仏様を（　　　）。

イ 少しばかりつかれていても、毎日の練習を（　　　）わけにはいかない。

ウ 健康を（　　　）ために、毎日運動をする。

エ どんな大金持ちでも、（　　　）ことがないとはいえない。

オ おそろしさで血の気が（　　　）。

カ 友人のすばらしい勇気を（　　　）。

126ページの答え　ア―立ちこめる（たちこめる）　イ―いろどる　ウ―かなでる　エ―かじかむ　オ―しぶる　カ―うれる

	言葉	意味
163	なぞらえる	（他のものに）たとえる。
164	にぶる（鈍る）	能力や勢いが弱くなる。
165	交える	たがいにやりとりする。
166	まどわす（惑わす）	どうしたらよいか、わからなくさせる。迷わす。だます。
167	めぐる（巡る）	あちこち回り歩く。
168	ゆがむ	形がくずれて、曲がったりねじれたりする。

上の言葉を使って文を完成させましょう。

ア うわさ話が人の心を（　　　）。

イ 優勝候補どうしが一戦を（　　　）。

ウ 名所を（　　　）のが祖父のしゅみだ。

エ 人生を旅に（　　　）。

オ 選手たちはつかれきっているので、後半戦でこうげきするスピードが（　　　）のも当然だ。

カ 地しんで家が（　　　）と、ドアが開かなくなることがある。

答えは 130〜131ページ

名前の言葉
動き・様子の言葉
表現を豊かにする言葉

127ページの答え　ア—もてなす　イ—ふみとどまる　ウ—はぐれる　エ—つぶやく　オ—よみがえる　カ—とどろく

	言葉	意味
169	敬う	尊ぶ。尊敬する。
170	おこたる（怠る）	なまける。いい加減にする。
171	帯びる	ある性質や成分をふくみもつ。ふくむ。
172	かねる（兼ねる）	一つのものが二つ以上の役目をする。
173	しなう	やわらかに曲がる。たわむ。しなる。
174	すくめる	体を縮めて小さくする。

上の言葉を使って文を完成させましょう。

ア　かんとくが入院したので、当分の間、コーチの一人がかんとくも（　　　）ことになった。

イ　空気がしめり気を（　　　）。

ウ　雪の重みで竹が（　　　）。

エ　村を切り開いた先祖を（　　　）。

オ　しかたがないと、かたを（　　　）。

カ　一日も（　　　）ことなく、練習を続けることにしよう。

128ページの答え　ア—拝む（おがむ）　イ—欠かす（かかす）　ウ—保つ（たもつ）　エ—落ちぶれる（おちぶれる）　オ—うせる　カ—たたえる

	言葉	意味
175	そこねる（損ねる）	悪くする。害する。そこなう。
176	適する	うまく合う。当てはまる。
177	まとう	身につける。着る。
178	満ちる	いっぱいになる。または、最高の状態になる。
179	むせる	息がつまってせきが出る。むせぶ。
180	ゆう（結う）	整えて結ぶ。

上の言葉を使って文を完成させましょう。

ア けむりを吸って、（　　　　）。

イ 力士が、ちょんまげを（　　　　）。

ウ 潮が（　　　　）のを待って、ふねをおきへこぎ出す。

エ どんな職業が自分に（　　　　）のか、これからいろいろ調べてみるつもりだ。

オ 大急ぎで衣服を身に（　　　　）。

カ 失言で上司のきげんを（　　　　）。

答えは 132〜133ページ

129ページの答え
ア—まどわす　イ—交える（まじえる）　ウ—めぐる　エ—なぞらえる　オ—にぶる　カ—ゆがむ

番号	言葉	意味
181	築く	しっかり作り上げる。
182	くらむ	目の前が見えにくくなる。または、正しく判断できなくなる。
183	しかめる	苦痛や不きげんがもとで、まゆの間などにしわを寄せる。
184	すえる（据える）	ある場所に動かないように置く。
185	すぼめる	縮める。小さくする。
186	つぐむ	口を閉じてものを言わない。

上の言葉を使って文を完成させましょう。

ア 洗面所に洗たく機を（　　）。

イ 言いたいことはあったが、相手があまりにもおこっているので、口を（　　）しかなかった。

ウ 雨がやんだので、かさを（　　）。

エ おなかが痛くて顔を（　　）。

オ 平和で豊かな世界を（　　）ことが、私たちの願いだ。

カ 強い光が当たって目が（　　）。

130ページの答え　ア―かねる　イ―帯びる（おびる）　ウ―しなう　エ―敬う（うやまう）　オ―すくめる　カ―おこたる

	言葉	意味
187	はりつめる（張り詰める）	心が引きしまる。きん張する。
188	へたりこむ	つかれたり弱ったりして、すわりこむ。
189	ぼやく	不平や不満を言う。
190	祭る	神や死者のれいをなぐさめるために、供え物をしてぎしきを行う。
191	まぶす	粉などを、物の表面全体に付ける。
192	見合わせる	しようと思っていたことをやめる。

上の言葉を使って文を完成させましょう。

ア 体の具合がよくないので、祖母は今度の旅行を（　　　）ことにしたそうだ。

イ 祖先のれいを（　　　）。

ウ つきたてのもちにきな粉を（　　　）。

エ つかれきっていすに（　　　）。

オ みんなの前で説明することになり、気が（　　　）。

カ コーチが自分の努力を認めてくれないと、友達に（　　　）。

答えは 134～135ページ

131ページの答え

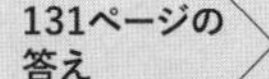

ア―むせる　イ―ゆう　ウ―満ちる（みちる）　エ―適する（てきする）
オ―まとう　カ―そこねる

	言葉	意味
193	いちじるしい（著しい）	特に目立つ。はっきりしている。
194	うっとうしい	晴れ晴れしない。重苦しい。
195	か細い	細くて弱々しい。
196	気高い	清らかで、上品である。高貴である。
197	こうばしい（香ばしい）	こんがり焼けたようなよいにおいである。香りがよい。
198	心ない	考えが足りない。または、思いやりがない。

上の言葉を使って文を完成させましょう。

ア 小鳥のひなが（　　　）声で鳴く。

イ （　　　）ほうじ茶の香りがただよう。

ウ 毎日練習を続けたので（　　　）進歩が見られる。

エ 雪におおわれた富士山の（　　　）姿を写真にとった。

オ 梅雨で雨が降り続いて、（　　　）。

カ 友人の（　　　）言葉に傷つく。

132ページの答え　ア―すえる　イ―つぐむ　ウ―すぼめる　エ―しかめる　オ―築く（きずく）　カ―くらむ

	言葉	意味
199	すさまじい	激しい。ものすごい。
200	たやすい	易しい。簡単である。
201	つつしみぶかい（慎み深い）	ひかえめである。遠りょ深い。
202	まばゆい	まぶしい。または、かがやくように美しい。
203	みずみずしい	つやがあって、新せんである。
204	もろい	こわれやすい。くずれやすい。

上の言葉を使って文を完成させましょう。

ア 祖母は、人と会うときには、だれに対しても（　　）態度をくずさない。

イ その問題の答えを出すのは（　　）。

ウ（　　）あらしにおそわれる。

エ この大根は、畑から引きぬいたばかりなので、とても（　　）。

オ かれた木は水分がなくなり（　　）の（　　）で、たおれやすい。

カ 海の向こうにのぼった朝日が（　　）。

答えは 136～137ページ

133ページの答え　ア―見合わせる（みあわせる）　イ―祭る（まつる）　ウ―まぶす　エ―へたりこむ　オ―はりつめる　カ―ぼやく

十一・十二月の言葉⑵

51 天気の言葉

【みぞれ】
雪がとけかかって降るもの。雨のまじった雪。

【木枯らし】
秋の終わりから冬の初めにかけて強くふく、冷たくかわいた風。冬が来たことを知らせる。その年にふく最初の木枯らしを、「木枯らし一号」と呼ぶ。

【しぐれ】
秋から冬にかけて、急に降ったりやんだりする雨。

52 小春日和

十一月ごろの、春のようにおだやかな暖かい天気。このような日は長くは続かず、二、三日で元の寒さにもどる。

53 銀世界

辺り一面、真っ白な雪におおわれた、美しい景色。

学習日　月　日（　）

134ページの答え

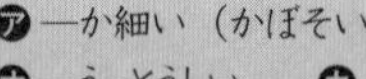

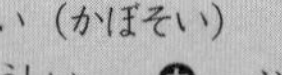

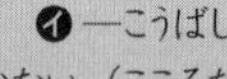

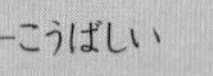

ア—か細い（かぼそい）　イ—こうばしい　ウ—いちじるしい　エ—気高い（けだかい）　オ—うっとうしい　カ—心ない（こころない）

お祝いの言葉

54 お宮参り

生まれて初めて、地域の氏神にお参りすること。生まれて三十日前後にお参りすることが多い。「初宮参り」ともいう。

55 七五三

子どもの成長を願うお祝い。男の子は三才と五才、女の子は三才と七才になる年の十一月十五日、晴れ着を着て神社にお参りする。

56 成人式

一人前の大人として成長したことを祝う儀式。現在は十八才で成人としているが、男は十五才ごろ、女は十三才ごろを成人とした時代もあった。

57 還暦

数え年（生まれた年を一才として、新年のたびに一才を加えて数えた年れい）で六十一才のこと。六十一年めに、生まれたときの干支にもどるので、こういわれる。

135ページの答え　ア—つつしみぶかい　イ—たやすい　ウ—すさまじい　エ—みずみずしい　オ—もろい　カ—まばゆい

	言葉	意味
205	あわい（淡い）	うすい。または、はかない。
206	いかつい	姿や形がごつごつしている。いかめしい。
207	けたたましい	急に大きな音や声がして、さわがしい。
208	快い	気持ちがいい。気分がいい。
209	地味	派手でなく、ひかえめな様子。
210	上等	内容や質がよいこと。

上の言葉を使って文を完成させましょう。

ア 姉は、どちらかというと（　　　　）な色の服のほうが好みだそうだ。

イ （　　　　）な品物は、値段が高い。

ウ 木かげで立ち止まると、（　　　　）風がふいてきた。

エ 優勝への（　　　　）望みをいだく。

オ （　　　　）サイレンの音がひびく。

カ ぼくのおじさんは、顔立ちは（　　　　）が、気持ちはとてもやさしい。

	言葉	意味
211	たどたどしい	しっかりとしていない。危なっかしい。
212	てきめん	効果やえいきょうがすぐに表れる様子。
213	不快	いやな気持ちであること。不ゆかい。
214	まけずぎらい（負けず嫌い）	人に負けるのをきらうこと。
215	無意識	自分のしていることに気がつかないこと。
216	むつまじい	たがいに気が合って、仲がよい。

上の言葉を使って文を完成させましょう。

ア 薬の効果が（　　　）に表れた。

イ （　　　）な兄は、いつもだれよりも努力している。

ウ 外国人が（　　　）日本語で話す。

エ あの姉妹は、いつも仲（　　　）。

オ 文句を言われ、（　　　）な顔を見せる。

カ テンポのよい曲を聞いて、（　　　）にリズムを取っていた。

名前の言葉
動き・様子の言葉
表現を豊かにする言葉

答えは 140～141ページ

番号	言葉	意味
217	あざやか（鮮やか）	色などがはっきりして美しい様子。
218	あらわ	むき出しになっている様子。丸見え。
219	大はば	ちがいが大きいこと。差が大きいこと。
220	気まま	人を気にせず、自分のしたいようにすること。
221	ささやか	規模などが小さい様子。または、わずかな様子。
222	しんせん（新鮮）	新しくて生きがよい様子。

上の言葉を使って文を完成させましょう。

ア 特急に乗ったので、目的地に着くまでの時間を（　　）に短縮することができた。

イ （　　）だが、心のこもったおくり物。

ウ だまされて、いかりを（　　）にする。

エ （　　）な野菜は、おいしい。

オ いろどりの（　　）な紅葉を見るために、観光客が集まる。

カ 一人暮らしの若者が、（　　）な生活を送る。

138ページの答え　ア―地味（じみ）　イ―上等（じょうとう）　ウ―快い（こころよい）　エ―あわい　オ―けたたましい　カ―いかつい

	言葉	意味
223	たくみ（巧み）	手ぎわがよい様子。上手な様子。
224	手ごろ	大きさや値段などがちょうどいいこと。適当。
225	出任せ	思いつくままに、いい加減なことを言うこと。
226	風変わり	ふつうとはちがっていること。
227	有力	勢力や権力があること。または、そのようになる見こみが強い様子。
228	陽気	ほがらかで明るい様子。

上の言葉を使って文を完成させましょう。

ア （　　　）な値段で、古本を買った。

イ おばさんの服装が（　　　）だったので、周りの人の注目を集めていた。

ウ 優勝をねらえる（　　　）なチームが出場する。

エ 返答に困って、口から（　　　）を言う。

オ （　　　）な田中さんは、だれとでも楽しそうに話すので、人気がある。

カ 手品師が（　　　）な手さばきを見せる。

答えは142～143ページ

139ページの答え
ア—てきめん　イ—まけずぎらい　ウ—たどたどしい　エ—むつまじい
オ—不快（ふかい）　カ—無意識（むいしき）

	言葉	意味
229	あけすけ	かくさずに、はっきり表す様子。
230	おだやか（穏やか）	静かな様子。または、落ち着いている様子。
231	急激	変化がとつ然で激しい様子。
232	散々	ひどい目にあう様子。
233	すてき（素敵）	心がひかれるほど、すばらしい様子。
234	すなお（素直）	人に逆らわないで受け入れる様子。

上の言葉を使って文を完成させましょう。

ア 今日は気温が（　　　）に下がり、雪が降った。
イ 遠りょせず、（　　　）にものを言う。
ウ 遠足は、雨に降られて（　　　）だった。
エ 弟は、母の言うことを（　　　）に聞いた。
オ 風がふかないので、海が（　　　）だ。
カ 母が（　　　）な服を買ってくれた。

140ページの答え　ア―大はば（おおはば）　イ―ささやか　ウ―あらわ　エ―しんせん　オ―あざやか　カ―気まま（きまま）

番号	言葉	意味
235	生意気	一人前のふりをしたり、出しゃばったりすること。
236	ばつぐん（抜群）	多くのものの中で、飛びぬけてすぐれている様子。
237	独特（独得）	そのものだけが、特別にもっている様子。
238	不自然	わざとらしい様子。自然でないこと。
239	まっさら	全く新しいこと。
240	有効	効き目があること。または、役に立つこと。

上の言葉を使って文を完成させましょう。

ア 買ったばかりの（　　）なノートを開く。

イ 子どものくせに（　　）なことを言うなと、しかられた。

ウ 説明の内容が（　　）なので、信用する気になれなかった。

エ このチケットは来月まで（　　）だ。

オ 兄は、サッカーが（　　）にうまい。

カ （　　）な味わいのある絵。

答えは 144～145ページ

141ページの答え
ア―手ごろ（てごろ）　イ―風変わり（ふうがわり）　ウ―有力（ゆうりょく）
エ―出任せ（でまかせ）　オ―陽気（ようき）　カ―たくみ

番号	言葉	意味
241	大がかり	仕組みが大きい様子。大規模。
242	大まか	小さなことにこだわらない様子。大ざっぱ。
243	がんこ（頑固）	他人の言うことを聞かずに、自分の考えをおし通そうとする様子。
244	きゅうくつ（窮屈）	せま苦しくて、自由に行動できない様子。
245	ささい	小さいこと。わずかな様子。
246	しんけん（真剣）	本気である様子。まじめである様子。

上の言葉を使って文を完成させましょう。

ア 座席がせまいので、（　　　）だ。

イ 費用は、（　　　）に計算しただけなので、今後変わることがあるかもしれません。

ウ ビルを建てかえるための（　　　）な工事がついに始まった。

エ （　　　）なことで、言い争う。

オ 問題解決に向けて、（　　　）に話し合う。

カ （　　　）な兄は、なかなか自分の意見を曲げない。

	言葉	意味
247	念入り	細かいところまで注意が行き届いている様子。
248	無愛想	そっけなく、親しみにくい様子。
249	不得手	上手にできない様子。不得意。
250	複雑	物事が、さまざまにこみいっている様子。
251	不景気	景気が悪いこと。社会全体の経済活動に活気がないこと。
252	明快	はっきりしていて、わかりやすいこと。

上の言葉を使って文を完成させましょう。

ア 世の中が（　　　　）なせいか、商店街に人が集まらない。

イ かれの説明は、単純で（　　　　）だ。

ウ すみずみまで、（　　　　）にそうじする。

エ この事件の背景には（　　　　）な事情があった。

オ 水泳が（　　　　）なので、練習にはげむ。

カ 客に（　　　　）な態度で接してはいけない。

答えは 146〜147ページ

143ページの答え
ア―まっさら　イ―生意気（なまいき）　ウ―不自然（ふしぜん）　エ―有効（ゆうこう）
オ―ばつぐん　カ―独特（どくとく）

	言葉	意味
253	いんき（陰気）	天気や気分などが暗く、晴れ晴れしない様子。
254	うららか	空が晴れて、日差しがおだやかな様子。
255	清らか	けがれやよごれのない様子。
256	ごうじょう（強情）	自分の考えを変えずに、おし通そうとすること。
257	さまざま（様々）	いろいろである様子。
258	すこやか（健やか）	じょうぶな様子。健康。

上の言葉を使って文を完成させましょう。

ア 人によって、好みは（　　　）だ。

イ 弟は、（　　　）なところがあり、なかなか人の言うことを聞こうとしない。

ウ 赤ちゃんが（　　　）に成長する。

エ （　　　）な春の日差しを受ける。

オ 暗い話ばかりが続いたせいか、その場はなんとなく（　　　）なふんい気になった。

カ （　　　）な谷川の水に足をひたした。

144ページの答え　ア―きゅうくつ　イ―大まか（おおまか）　ウ―大がかり（おおがかり）　エ―ささい　オ―しんけん　カ―がんこ

番号	言葉	意味
259	台無し	役に立たなくなること。だめになること。
260	ぼう大（膨大）	数や量が非常に多い様子。
261	間近	時間やきょりが非常に短いこと。
262	明確	はっきりしていて、確かなこと。
263	ゆうが（優雅）	ゆったりとして上品な様子。
264	ゆかい（愉快）	楽しくて気持ちがよいこと。

上の言葉を使って文を完成させましょう。

ア　あらしで計画が（　　　　）になった。

イ　研究を進めるために集めた資料は、置く場所がなくなるほど（　　　　）な量だった。

ウ　友達の（　　　　）な話に笑いころげる。

エ　責任のはん囲を（　　　　）にする。

オ　試験の日が、（　　　　）にせまってきた。

カ　仕事をやめた祖父は、海の見える家で、（　　　　）に暮らしている。

答えは 148～149ページ

145ページの答え
ア—不景気（ふけいき）　イ—明快（めいかい）　ウ—念入り（ねんいり）
エ—複雑（ふくざつ）　オ—不得手（ふえて）　カ—無愛想（ぶあいそう）

	言葉	意味
265	円満（えんまん）	争いごとがなく、なごやかな様子。
266	気まぐれ（きまぐれ）	考えや行動がその時々で変わりやすいこと。
267	十分（じゅうぶん）	満ち足りている様子。不足がない様子。
268	神秘的（しんぴてき）	人間のちえでは理解できない、不思議な様子。
269	単純（たんじゅん）	仕組みが簡単なこと。入り組んでいないこと。
270	なめらか（滑らか）	つかえないで、すらすら進む様子。

上の言葉を使って文を完成させましょう。

ア（　　　　）なつくりのおもちゃを買う。

イ よく話し合って、問題を（　　　　）に解決する。

ウ あの人は（　　　　）だから、言うことがすぐに変わってしまう。

エ（　　　　）な口調でわかりやすく伝える。

オ その湖は、天気によって湖面の色が変わり、とても（　　　　）だ。

カ 時間を（　　　　）にとって、体を休める。

146ページの答え
ア―さまざま　イ―ごうじょう　ウ―すこやか　エ―うららか　オ―いんき　カ―清らか（きよらか）

	言葉	意味
271	派手（はで）	はなやかで目立つこと。
272	冷ややか（ひややか）	冷たく感じる様子。思いやりのない様子。
273	ふきつ（不吉）	えんぎが悪いこと。よくないことが起こりそうであること。
274	ほのか	ぼんやりしていて、はっきりわからない様子。かすか。
275	見事（みごと）	やり方やできぐあいがすばらしい様子。
276	みょう（妙）	ふつうとちがって変な様子。不思議な様子。

上の言葉を使って文を完成させましょう。

ア 花の香りが（　　）に感じられる。

イ みんな地味なかっこうをしているのに、一人だけ（　　）な服を着ている人がいた。

ウ（　　）な態度で申し出を断る。

エ 冬なのに今日は（　　）に暖かくて、コートがいらないくらいだ。

オ うらない師が、世界がほろびるという（　　）な予言をしたために、人々は不安におちいった。

カ 難しい問題を短時間で（　　）に解く。

答えは 150〜151ページ

147ページの答え
ア—台無し（だいなし）　イ—ぼう大（ぼうだい）　ウ—ゆかい　エ—明確（めいかく）　オ—間近（まぢか）　カ—ゆうが

建物の言葉

58 障子

木のわくに、たくさんの細いさんを縦横に組んで、白い紙をはったもの。部屋の仕切りや明かり取りに使う。

59 縁側

部屋の外側に作った、細長い板じき。雨戸の内側にあるものと外側にあるものとがある。

60 とうろう

木・石・竹・金属などでわくを作り、中に明かりをともすようにしたもの。

61 いろり

部屋のゆかを四角く切りぬいて、火をたくようにした所。

学習日　月　日（　）

148ページの答え

ア―単純（たんじゅん）　イ―円満（えんまん）　ウ―気まぐれ（きまぐれ）
エ―なめらか　オ―神秘的（しんぴてき）　カ―十分（じゅうぶん）

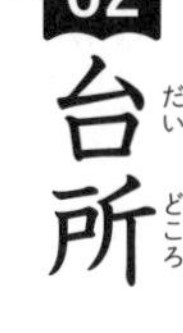

62 台所

【土間】家の中で、ゆかのない地面のままの所。

【かまど】なべやかまをのせて、下で火を燃やし、食べ物を調理する所。

【ひしゃく】水や湯をくむ、えの付いたおわんの形をした道具。

【水がめ】水を入れるための、底の深い焼き物。

63 部屋

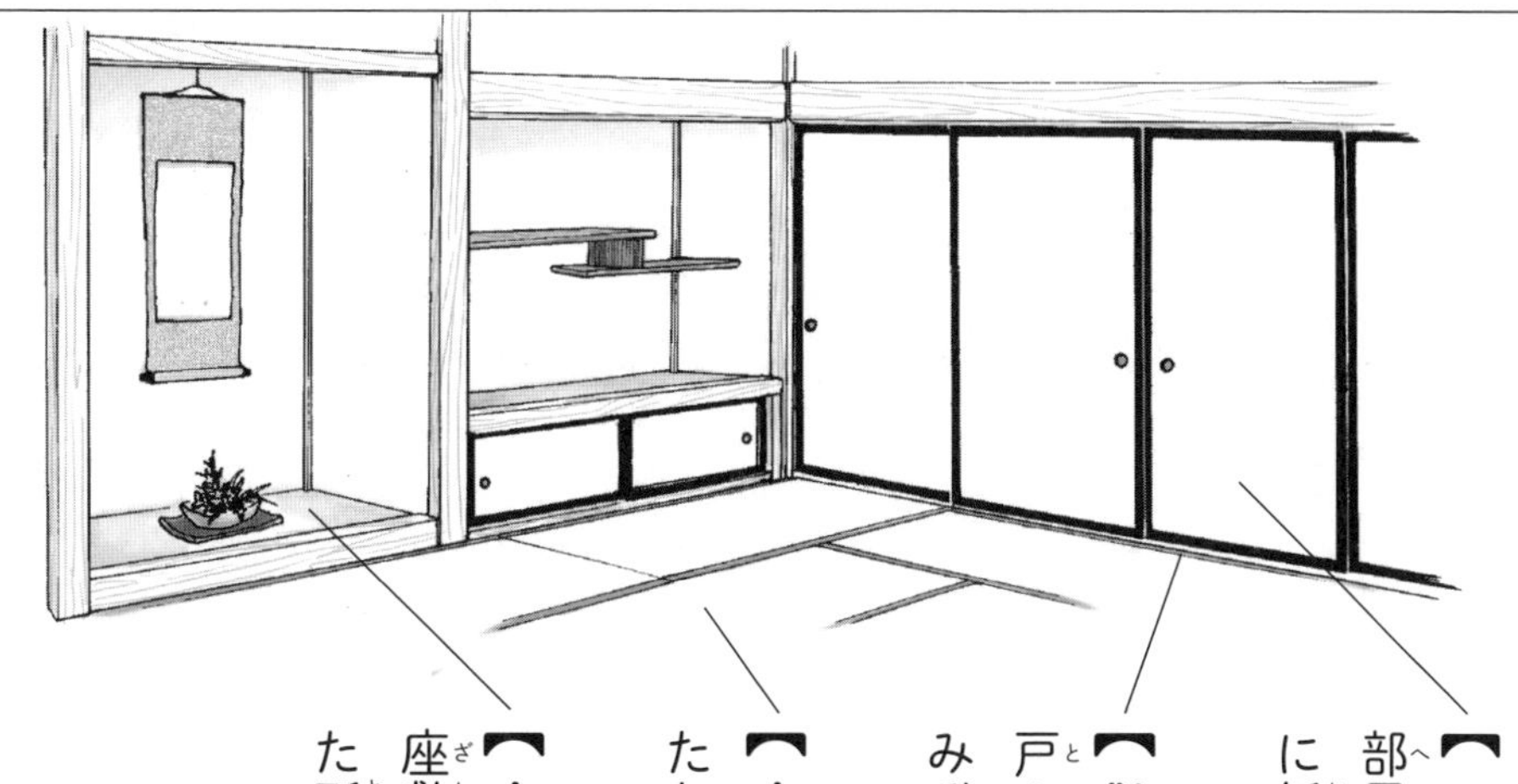

【ふすま】部屋の仕切りに使う、両面に紙や布をはった戸。

【敷居】戸や障子などの下にある、みぞのある横木。

【座敷】たたみがしいてある部屋。

【床の間】座敷で、ゆかを一段高くした所。

149ページの答え
ア—ほのか　イ—派手（はで）　ウ—冷ややか（ひややか）　エ—みょう
オ—ふきつ　カ—見事（みごと）

	言葉	意味
1	ありありと	まるで目の前にあるかのように、はっきりと。
2	いたちごっこ	たがいに同じことをくり返していて、いつまでも終わらないこと。
3	いまだに	今になってもまだ。
4	かつて	今までに。以前。
5	ことごとく	すっかり。一つ残らず。
6	せいぜい	できるだけ多く見積もっても。

上の言葉を使って文を完成させましょう。

ア ごみを食いあらすからすと、それを防ぐ町の人々との（　　）がくり返されている。

イ 今の実力では、百メートル走は、がんばっても（　　）三位くらいだろう。

ウ なくしたかぎが（　　）見つからない。

エ 父は（　　）この町に住んでいたそうだ。

オ その詩を読むと、えがかれている景色が、（　　）目にうかぶようだ。

カ 全ての作戦が、（　　）失敗した。

	言葉	意味
7	多少	それほど多くはないが、少しは。
8	とぼとぼ	元気なく歩く様子。
9	根っから	もともと。初めから。
10	ひとまず	とにかく。一応。
11	まさしく	確かに。まちがいなく。
12	わがものがお（我が物顔）	自分のものだというように、思うままに行動すること。

上の言葉を使って文を完成させましょう。

ア　あてもなく、（　　　）と歩き続けた。

イ　他人の家で、（　　　）にふるまうな。

ウ　弟は、（　　　）の正直者だ。

エ　駅からは（　　　）遠くても、静かな場所に住みたい。

オ　まだ直したいところもあるが、制作に長い年月をかけた作品が、（　　　）完成した。

カ　この宝石は、かがやきと色合いから見て、（　　　）本物だ。

答えは154～155ページ

	言葉	意味
13	ありふれた	どこにでもある。めずらしくない。
14	いまさら	今となっては。
15	さっそく（早速）	すぐに。直ちに。
16	しんしん	ひっそりと静まり返っている様子。または、夜が深まったり、雪が静かに降ったりする様子。
17	そくざに（即座に）	すぐその場で。
18	ちゃっかり	ぬけ目のない様子。ずうずうしい様子。

上の言葉を使って文を完成させましょう。

ア（　　　）と夜がふけていく。

イ その写真は、（　　　）風景を写したものだったが、とても美しかった。

ウ 妹は、いつのまにか（　　　）と祖母からおこづかいをもらっていた。

エ（　　　）反省しても、もうおそい。

オ 会議で、質問に（　　　）答えられるように、しっかり準備をしておく。

カ 午後から（　　　）仕事に取りかかる。

152ページの答え　ア—いたちごっこ　イ—せいぜい　ウ—いまだに　エ—かつて　オ—ありありと　カ—ことごとく

	言葉	意味
19	つくづく	身にしみて深く感じる様子。
20	時折	ときどき。
21	根こそぎ	あるもの全部。すっかり。
22	ほんの	ただそれだけの。ごくわずかの。
23	みだりに	理由もなく。勝手に。
24	めいめい	一人一人。それぞれ。

上の言葉を使って文を完成させましょう。

ア この曲は、ラジオで（　　　）耳にする。

イ 親切にされたことを、（　　　）ありがたく感じた。

ウ 花だんに、（　　　）立ち入ることを禁止します。

エ （　　　）が、家から料理を持ち寄る。

オ 新しい薬を使って、害虫を（　　　）退治する。

カ （　　　）少しだけ、かみの毛を切った。

答えは 156～157ページ

153ページの答え
ア—とぼとぼ　イ—わがものがお　ウ—根っから（ねっから）　エ—多少（たしょう）　オ—ひとまず　カ—まさしく

25 26 27 28 29 30

言葉	意味
案の定	思ったとおり。期待していたとおり。
おおよそ	物事のだいたい。大方。
しばしば	たびたび。何度も。
しんみり	静かに深く心にしみいる様子。または、悲しくて心がしずんでいる様子。
たいそう	非常に。たいへん。
たちまち	すぐに。急に。

上の言葉を使って文を完成させましょう。

ア 人気のケーキが、発売直後に（　　　）売り切れた。

イ 祖母の若いころの苦労話を聞いて、思わず（　　　）としてしまった。

ウ あやしいとは思っていたが、（　　　）、弟がいたずらの犯人だった。

エ ほめられて、（　　　）うれしかった。

オ 京都までは（　　　）二時間半かかる。

カ 古城めぐりの好きなおばは、（　　　）ヨーロッパをおとずれている。

154ページの答え　ア―しんしん　イ―ありふれた　ウ―ちゃっかり　エ―いまさら　オ―そくざに　カ―さっそく

	言葉	意味
31	のらりくらり	なまけている様子。または、とらえどころがない様子。
32	はるか	二つのもののきょり・時間・数などが、非常にはなれている様子。
33	番	順に入れかわり、割り当てられること。または、見張りをすること。
34	ひっきりなし	物事が切れ目なく続く様子。
35	まるで	（下に否定の意味の言葉をともなって）全く。全然。すっかり。
36	めっきり	目立って変わる様子。

上の言葉を使って文を完成させましょう。

ア 人気のカレー店では、（　　）にテイクアウトの注文が入っている。

イ 木々が紅葉し（　　）秋らしくなった。

ウ もうすぐ自分の（　　）が回ってくる。

エ 大臣は記者会見で、都合の悪い質問には（　　）と答えて、やり過ごしていた。

オ 一そうの船が、（　　）かなたの島から、この国にたどり着いた。

カ 予想した結果とは（　　）ちがった。

答えは 158〜159ページ

155ページの答え
ア—時折（ときおり）　イ—つくづく　ウ—みだりに　エ—めいめい
オ—根こそぎ（ねこそぎ）　カ—ほんの

	言葉	意味
37	いっこうに	全然（ぜんぜん）。少（すこ）しも。
38	右往左往（うおうさおう）	うろたえて、うろうろすること。
39	風（かぜ）の便（たよ）り	どこからともなく伝（つた）わってくるうわさ。
40	ぜひ（是非）	どうしても。必（かなら）ず。きっと。
41	絶（た）えず	とぎれないで続（つづ）いている様子（ようす）。いつも。
42	念（ねん）のため	まちがいないと思（おも）うが、もう一度（いちど）確（たし）かめるため。

上（うえ）の言葉（ことば）を使（つか）って文（ぶん）を完成（かんせい）させましょう。

ア 昔（むかし）の友人（ゆうじん）が遠（とお）い町（まち）に引（ひ）っこししたことを、（　　　）に聞（き）いた。

イ （　　　）に、忘（わす）れ物（もの）がないか確（たし）かめる。

ウ 道路工事（どうろこうじ）は、（　　　）進（すす）んでいない。

エ 友人（ゆうじん）と待（ま）ち合（あ）わせた場所（ばしょ）がわからずに（　　　）し、おくれてしまった。

オ （　　　）、一度（いちど）遊（あそ）びに来（き）てください。

カ 窓（まど）を開（あ）けたままだと、大通（おおどお）りを走（はし）る車（くるま）の音（おと）が（　　　）聞（き）こえてくる。

156ページの答え　ア—たちまち　イ—しんみり　ウ—案の定（あんのじょう）　エ—たいそう　オ—おおよそ　カ—しばしば

	言葉	意味
43	ひたすら	ただそのことだけをする様子。
44	ふと	何の気なしに。ちょっとしたひょうしに。
45	～まぎれ	～のあまり。
46	まさか	いくらなんでも。
47	みじんも	ごくわずかも。少しも。
48	めっぽう	並の程度ではない様子。非常に。

上の言葉を使って文を完成させましょう。

ア かれのことを疑う気持ちは、（　　　）なかった。

イ 苦し（　　　）に書いた答えが、たまたま正解だった。

ウ 美しい花を見て、（　　　）足を止めた。

エ この植物は、寒さには（　　　）強い。

オ 頂上まで、山道を（　　　）歩き続けた。

カ（　　　）、自分たちより弱いと思っていたチームに、負けるとは思わなかった。

答えは 160～161ページ

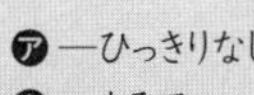
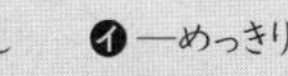

157ページの答え　ア―ひっきりなし　イ―めっきり　ウ―一番（ばん）　エ―のらりくらり　オ―はるか　カ―まるで

学習日　月　日（　）

	言葉	意味
49	あっさり	こだわらないで、簡単に行う様子。
50	おどおど	こわがったり、自信がなかったりして、落ち着かない様子。
51	～がてら	～のついでに。
52	きびきび	動きや言葉などが、すばやく、はっきりしている様子。
53	結構	かなり。相当。
54	終始	始めから終わりまで。ずっと。

上の言葉を使って文を完成させましょう。

ア 初対面の人ばかりだったせいか、妹は（　　）していた。

イ 全員が（　　）と行動したので、思ったより仕事が早く終わった。

ウ 長年の夢を、（　　）とあきらめた。

エ 二人の学級委員は、（　　）、意見を変えなかった。

オ 散歩（　　）、買い物をしてくる。

カ この川の流れは、（　　）速いので、注意が必要だ。

158ページの答え　ア―風の便り（かぜのたより）　イ―念のため（ねんのため）　ウ―いっこうに　エ―右往左往（うおうさおう）　オ―ぜひ　カ―絶えず（たえず）

	言葉	意味
55	どんより	空がくもってうす暗い様子。または、色がにごっている様子。
56	ぬけぬけ	ずうずうしい様子。
57	人一倍	ふつうの人以上である様子。
58	またたく間に	非常に短い間に。
59	まゆつばもの	信用できないもの。
60	もっぱら	そのことだけを行う様子。

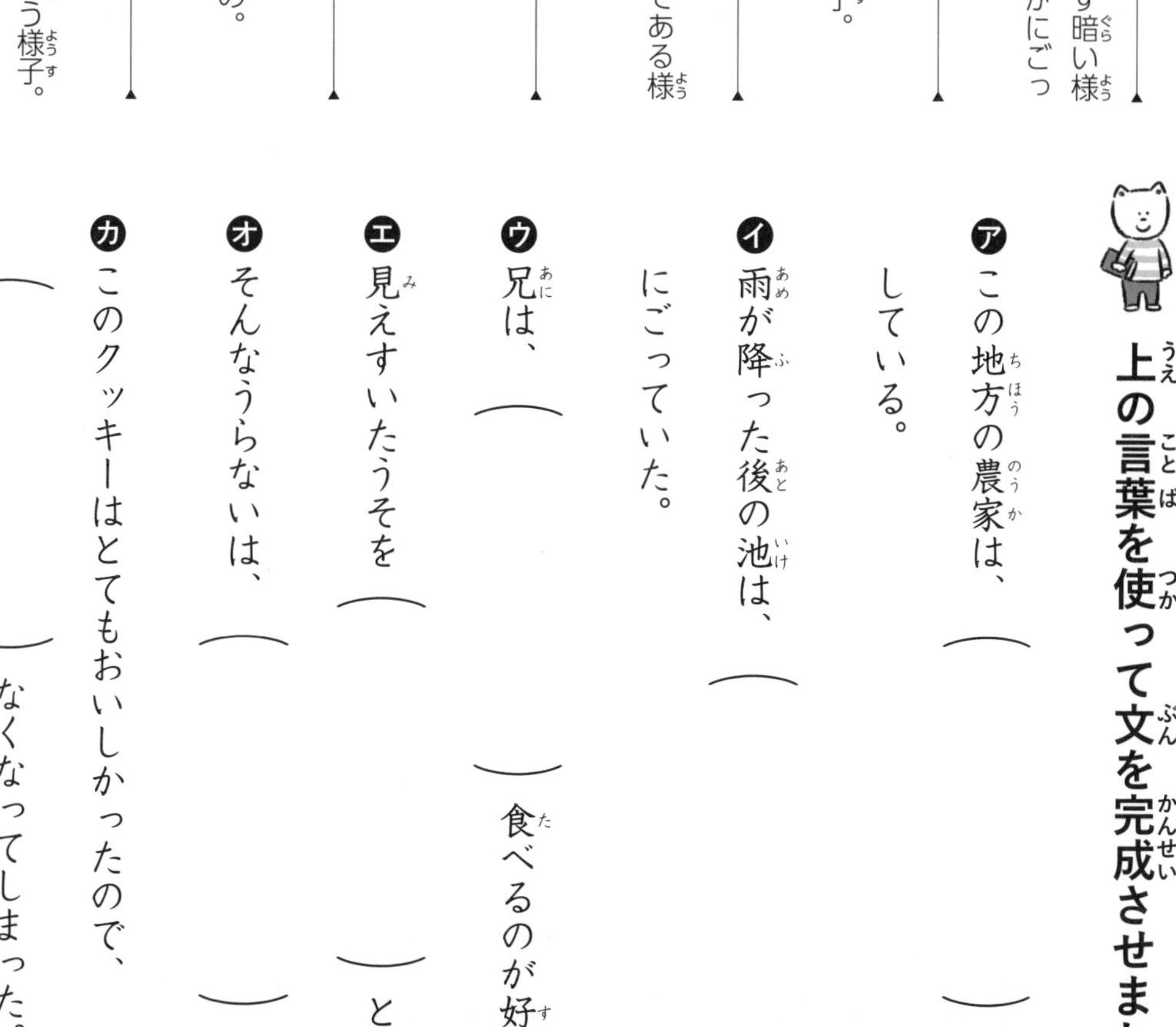

上の言葉を使って文を完成させましょう。

ア この地方の農家は、（　　　）米を生産している。

イ 雨が降った後の池は、（　　　）とにごっていた。

ウ 兄は、（　　　）食べるのが好きだ。

エ 見えすいたうそを（　　　）と言う。

オ そんなうらないは、（　　　）だ。

カ このクッキーはとてもおいしかったので、（　　　）なくなってしまった。

答えは 162～163ページ

159ページの答え　ア—みじんも　イ—まぎれ　ウ—ふと　エ—めっぽう　オ—ひたすら　カ—まさか

道具の言葉（1）

64 おひつ

たき上がったご飯を入れておく、木でできた器。おけのような形で、ふたがある。

65 せいろ

湯をわかしたなべやかまの上にのせて、もち米・まんじゅうなど、食べ物を蒸す道具。「せいろう」ともいう。

66 石うす

石を二つ重ねて、その間に米や豆などを入れ、上の石を回してすりつぶし、粉にする道具。

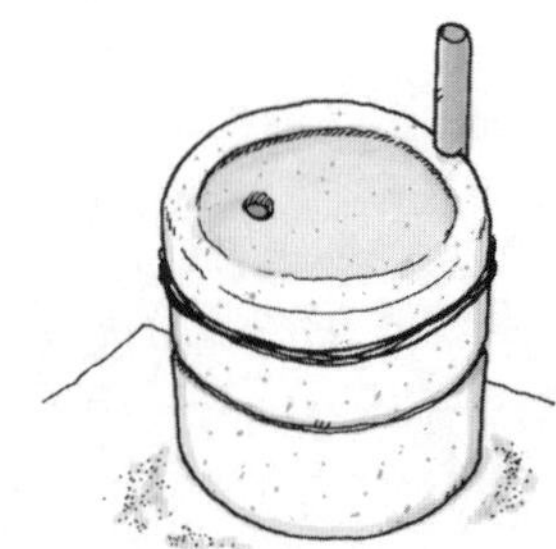

67 七輪

土を焼いて作ったこんろ。中に炭などを入れて火をおこし、調理などに使う。

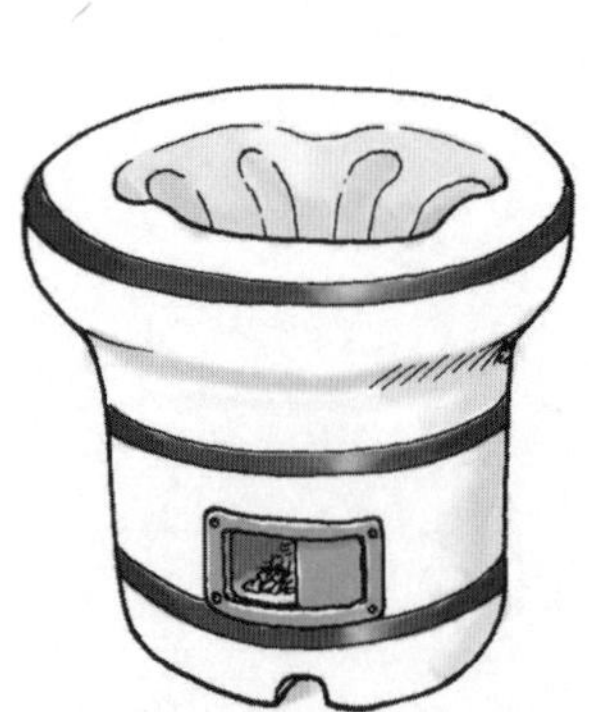

学習日　月　日（　）

160ページの答え
ア—おどおど　イ—きびきび　ウ—あっさり　エ—終始（しゅうし）　オ—がてら
カ—結構（けっこう）

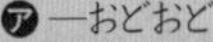

68 火鉢

灰を入れて上に炭火を置き、湯をわかしたり、手を温めたりする道具。木・金物・せとものなどでできている。炭火のため、けむりが出ない。

69 しっき

うるし（うるしの木のしる）をぬった器や道具。おわんやおぼんなどがある。うるしを重ねてぬって仕上げる。

70 俵

米や炭などを入れる、わら（稲や麦などのくきをかわかしたもの）などで編んだふくろ。

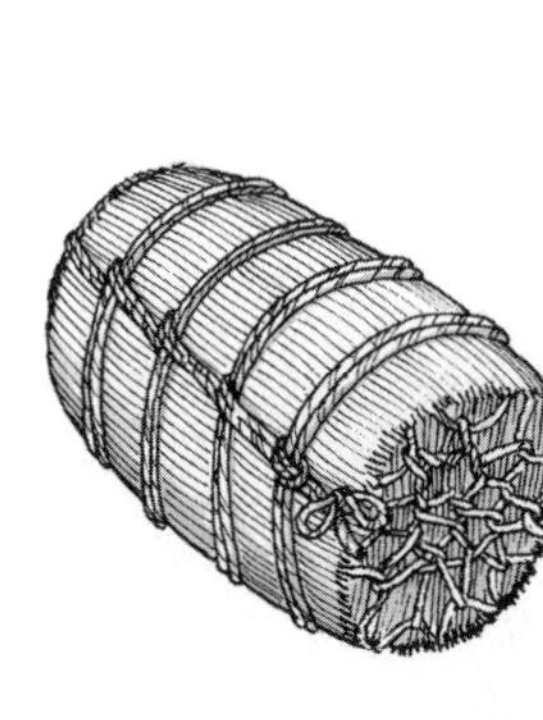

71 むしろ

わら・いぐさ（たたみの表面に使われている草）・がま（ぬまや池に生える草）などで編んだしき物。

161ページの答え　㋐—もっぱら　㋑—どんより　㋒—一人一倍（ひといちばい）　㋓—ぬけぬけ　㋔—まゆつばもの　㋕—またたく間に（またたくまに）

	言葉	意味
61	案外	思っていたこととは、ちがっている様子。思いのほか。
62	いかにも	どう考えても。見るからに。まことに。
63	いわば	言ってみれば。例えて言うと。
64	〜ざるをえない	〜しないわけにはいかない。
65	しとしと	雨が静かに降る様子。
66	ただごと	ふつうのこと。当たり前のこと。

上の言葉を使って文を完成させましょう。

ア 太陽は、（　　　）生命の源だ。

イ のんびり屋の父があんなにあわてているとは、（　　　）ではない。

ウ 冷たい雨が（　　　）と降り続く。

エ あまり期待していなかった映画だが、（　　　）おもしろかった。

オ おくれそうなので、走ら（　　　）。

カ 先生は、（　　　）科学者らしく、筋道を立てて、わかりやすく話してくださった。

	言葉	意味
67	たまたま	時折。または、思いがけずに。
68	とにかく	どのようなことがあっても。
69	ねちねち	くどくて、しつこい様子。
70	ひそかに	こっそりと物事を行う様子。
71	ひとにぎり（一握り）	ごくわずか。
72	万一	ひょっとして。もしも。

上の言葉を使って文を完成させましょう。

ア 兄は、留学するためのお金を、両親にはないしょで、（　　　）貯金している。

イ ほんの（　　　）の者だけが勝ち残った。

ウ （　　　）おくれたら、先に行っていてください。

エ 失敗したことについて、（　　　）と説教された。

オ 駅前で（　　　）父に会った。

カ 話は後にして、（　　　）先を急ごう。

答えは 166〜167ページ

	言葉	意味
73	至る所	行く所どこでも。あちらにもこちらにも。
74	いわゆる	ふつうよく言われている。多くの人がよく言う。
75	～がち	～することが多い。
76	ごく	非常に。きわめて。
77	たいてい（大抵）	大部分。たいがい。
78	つつぬけ	話したことや秘密、話し声が、そのまま他人に伝わること。

上の言葉を使って文を完成させましょう。

ア　町の（　　　）に、秋祭りを宣伝するポスターがはられている。

イ　友人にこっそり話したことが、クラスの全員に（　　　）になっていた。

ウ　日記を書き始めたが、（　　　）三日ぼうずで終わってしまった。

エ　冬は、家に閉じこもり（　　　）だ。

オ　電車の種類なら、（　　　）知っている。

カ　（　　　）親しい友人だけを招待した。

164ページの答え
ア―いわば　イ―ただごと　ウ―しとしと　エ―案外（あんがい）　オ―ざるをえない　カ―いかにも

	言葉	意味
79	とびきり	並外れてすぐれている様子。
80	なよなよ	やわらかくて弱々しい様子。
81	ほんのり	色や香りがかすかな様子。
82	武者ぶるい	きん張のため、思わず体がふるえること。
83	めきめき	目に見えて大きくなったり、進歩したりする様子。
84	わなわな	（いかりや寒さなどで）体がぶるぶるとふるえる様子。

上の言葉を使って文を完成させましょう。

ア あまりにも失礼なことを言われて、体が（　　）とふるえる。

イ 百メートル走のスタートラインに立ち、思わず（　　）をした。

ウ 誕生日に（　　）大きいケーキを買う。

エ りんごの実が（　　）と色づく。

オ おひめ様役の役者が、（　　）としたしぐさで歩く。

カ かれの成績は、（　　）とのびている。

答えは 168〜169ページ

165ページの答え　ア—ひそかに　イ—ひとにぎり　ウ—万一（まんいち）　エ—ねちねち　オ—たまたま　カ—とにかく

番号	言葉	意味
85	あらかじめ	前もって。前々から。
86	一石二鳥	一つのことをして二つの利益を得ること。
87	大方	大部分。または、多くのいっぱんの人。
88	顔向け	ある人と顔を合わせること。
89	くれぐれも	何度も念を入れて、たのんだり、忠告したりする様子。
90	しだいに（次第に）	ゆるやかに変化したり、進行したりする様子。だんだんと。

上の言葉を使って文を完成させましょう。

ア 合唱コンクールの当日にちこくをしてしまって、クラスのみんなに（　　　　）ができない。

イ 父は、今夜家族で食事をする店を（　　　　）決めておいたそうだ。

ウ 日が暮れて、（　　　　）冷えこんできた。

エ 明日は（　　　　）ちこくしないように。

オ 結果は（　　　　）の予想どおりになった。

カ この野菜ジュースは、おいしいうえに体にもよいので、（　　　　）だ。

166ページの答え　ア—至る所（いたるところ）　イ—つつぬけ　ウ—いわゆる　エ—がち　オ—たいてい　カ—ごく

番号	言葉	意味
91	相当	かなり。だいぶ。
92	のほほんと	何もしないで、のん気にしている様子。
93	はらはら	心配して気をもむ様子。
94	ぼちぼち	そろそろ物事に取りかかろうかという様子。
95	まざまざ	まるで目の前に見えるかのように、はっきりとしている様子。
96	むきになる	ちょっとしたことですぐに本気になったり、腹を立てたりする。

上の言葉を使って文を完成させましょう。

ア 夏休みの宿題には、（　　　）苦労した。

イ 弟は、少しからかわれただけで、すぐに（　　　）ところがある。

ウ 実力の差を（　　　）と見せつけられる。

エ おなかもすいたので、（　　　）帰ろう。

オ しばらく家で（　　　）過ごしていたので、体がすっかりなまってしまった。

カ 電車がおくれたので、開演時間に間に合わないのではないかと（　　　）した。

答えは 170〜171ページ

167ページの答え
ア―わなわな　イ―武者ぶるい（むしゃぶるい）　ウ―とびきり　エ―ほんのり
オ―なよなよ　カ―めきめき

	言葉	意味
97	足手まとい	そばにいて、行動のじゃまになること。「あしてまとい」ともいう。
98	一部始終	始めから終わりまでの、全て。
99	かねて	以前から。前もって。
100	～ごと	～するたびにいつも。または、どの～もみんな。
101	金輪際	絶対に。断じて。
102	たかだか	十分に見積もっても大したことではない様子。

上の言葉を使って文を完成させましょう。

ア 工場長が事故の（　　　）を説明する。

イ 失礼なことばかり言う友人とは、（　　　）付き合わないことに決めた。

ウ ハワイは、（　　　）からあこがれていた所なので、行けることになってうれしい。

エ 会う人（　　　）に、けがは大じょうぶかと聞かれた。

オ このスカートの値段は、（　　　）千円くらいの安いものだ。

カ 大きな荷物が旅行の（　　　）になる。

168ページの答え　ア―顔向け（かおむけ）　イ―あらかじめ　ウ―しだいに　エ―くれぐれも　オ―大方（おおかた）　カ―一石二鳥（いっせきにちょう）

	言葉	意味
103	ただでさえ	ふつうであっても。それでなくても。
104	とたん（途端）	ちょうどそのとき。〜と同時に。
105	ひたむき	ただそのことだけに熱中する様子。
106	まごまご	どうしたらよいかわからなくて、うろたえる様子。
107	ゆうゆう（悠々）	ゆったりとして落ち着いている様子。または、ゆとりがある様子。
108	ろくに	（下に否定の言葉をともなって）十分に。満足に。

上の言葉を使って文を完成させましょう。

ア 開演までには（　　　）間に合う。

イ ビルの入り口がわからず、（　　　）する。

ウ 家を出た（　　　）、雨が降り始めた。

エ ここの定食は、（　　　）安いのに、今日はサービスデーなのでさらにお得だ。

オ 人の話を（　　　）聞かないで、適当に返事だけするのはよくない。

カ 合格を目指して（　　　）に努力を続ける。

答えは172〜173ページ

169ページの答え　ア—相当（そうとう）　イ—むきになる　ウ—まざまざ　エ—ぼちぼち　オ—のほほんと　カ—はらはら

番号	言葉	意味
109	一心	一つのことに心を集中すること。
110	かんかん照り	夏の太陽が激しく照りつけること。
111	さぞ	きっと。さぞかし。
112	さめざめ	しきりになみだを流して、静かに泣く様子。
113	しゃにむに	他のことは考えないで、強引に。がむしゃらに。
114	じょじょに（徐々に）	ゆるやかに変化したり、進行したりする様子。だんだんと。

上の言葉を使って文を完成させましょう。

ア　ほんの少しの差で二位になったとは、（　　　　）くやしかっただろう。

イ　今日は（　　　　）の中を歩いたので、日焼けしてしまった。

ウ　資金を作るために、（　　　　）働いた。

エ　百点を取りたい（　　　　）で勉強する。

オ　その女性は、顔をふせたまま（　　　　）と泣いている。

カ　会場には（　　　　）人が集まってきた。

170ページの答え　ア―一部始終（いちぶしじゅう）　イ―金輪際（こんりんざい）　ウ―かねて　エ―ごと　オ―たかだか　カ―足手まとい（あしでまとい）

	言葉	意味
115	たかが	せいぜい。たった。
116	ともすると	どうかすると。場合によっては。
117	～ともなく	～というわけでもなく。そんなつもりもなく。
118	なおさら	物事の程度が、前よりもいっそう進む様子。ますます。
119	ひたひた	静かにだんだんとせまってくる様子。
120	ほぼ	完全ではないが、それに近い様子。だいたい。

上の言葉を使って文を完成させましょう。

ア 学校は、町の（　　）中央にある。

イ どこから（　　）音楽が聞こえてくる。

ウ 親友が、（　　）くじけそうになる気持ちをはげましてくれたので、最後までがんばれた。

エ 父は、（　　）トランプで負けたくらいで泣くなんてと、弟にあきれ顔だった。

オ 身の危険が（　　）とおしせまる。

カ けっして見てはいけないと言われると、（　　）見たくなる。

答えは 174～175ページ

171ページの答え　ア―ゆうゆう　イ―まごまご　ウ―とたん　エ―ただでさえ　オ―ろくに　カ―ひたむき

道具の言葉(2)

72 重箱

食べ物を入れる箱。いくつか積み重ね、いちばん上にふたをする。ふつう、四角いうるしぬりの箱。

73 ふろしき

ものを包むための四角い布。昔、ふろに入るとき、ぬいだ衣類を包んだことから、この名がついた。

74 のれん

商店で、店の名前などを書いて、のき先に垂らす布。昔は寺で、すき間風を防ぐために使われていた。

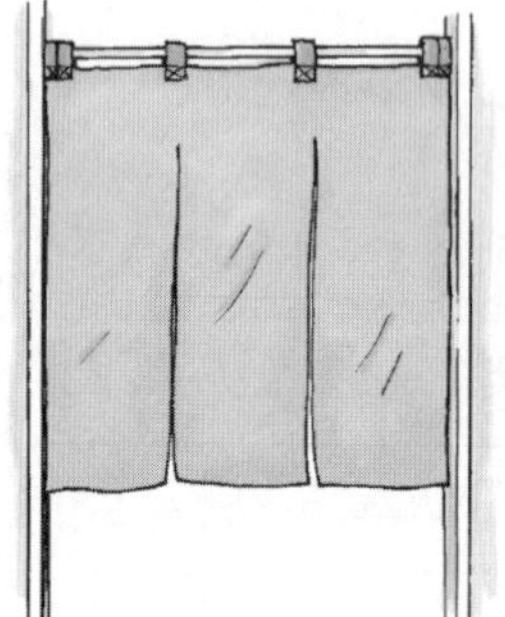

75 こうり

竹ややなぎなどを編んで作った、箱の形をしたもの。旅行のとき荷物を入れた他、家の中でも物入れとして使った。

学習日 月 日（ ）

76 すだれ

細くけずった竹やあしのくきなどを並べて、糸で編んだもの。日のき先につるして日よけにしたり、目かくしにしたりする。

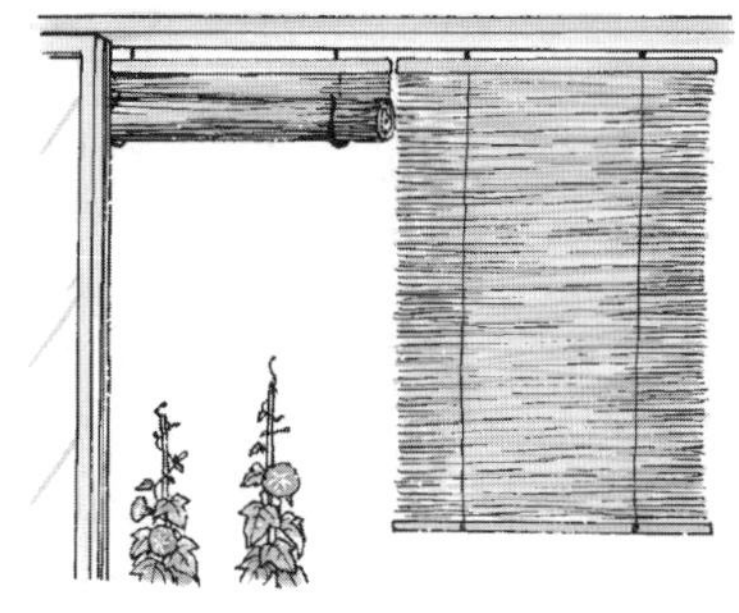

77 たいまつ

やに（木のしる）の多い松の木の枝や竹、あしなどを束ねたものに火をつけて、明かりにするもの。今では、祭りなどで使われている。

78 つづみ

真ん中がくびれたどうの両側に革をはって、手で打ち鳴らすように作られた打楽器。小つづみ・大つづみなどがある。

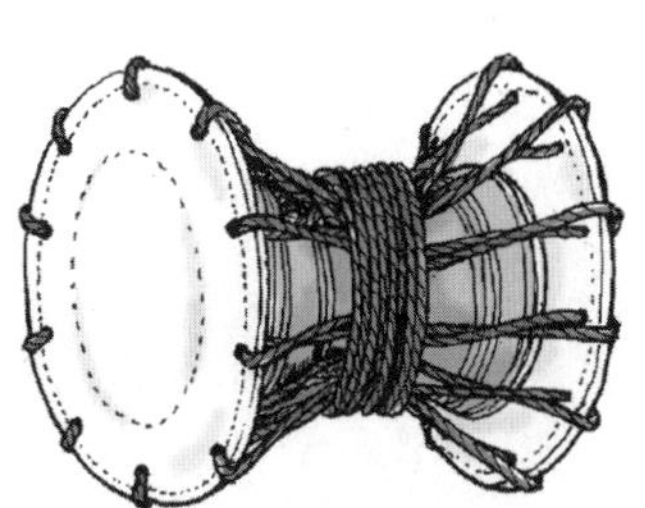

79 じゅず

小さなたくさんの玉に糸を通して輪にしたもの。仏を拝むときなどに、手にかける。玉の数は、百八個のものが多い。「ずず」ともいう。

173ページの答え　ア―ほぼ　イ―ともなく　ウ―ともすると　エ―たかが　オ―ひたひた　カ―なおさら

	言葉	意味
121	四方八方	あらゆる方角・方面。
122	せかせか	動作や態度がいそがしそうで、落ち着きがない様子。
123	そわそわ	気持ちや態度が落ち着かない様子。
124	助け船	困っている人に力を貸すこと。
125	なみなみ	水などがこぼれるほど、いっぱいである様子。
126	再び	同じ動作や状態などがくり返されること。もう一度。

上の言葉を使って文を完成させましょう。

ア 妹は、早く遊びに行きたくて、（　　　）している。

イ ジュースをコップに（　　　）と注ぐ。

ウ 年末の大売り出しの準備で、店員が店内を（　　　）と動き回っている。

エ 困っている友人に（　　　）を出す。

オ 砂糖入れをうっかり落としたら、砂糖が（　　　）に飛び散ってしまった。

カ 同じ失敗を（　　　）しないようにする。

	言葉	意味
127	頭が上がらない	引け目があり、対等にふるまえない。
128	頭が下がる	感心して、自然に尊敬する気持ちになる。
129	顔がきく	信用や実力があって、相手に無理が言える。
130	顔が広い	多くの人と付き合いがあり、広く知られている。
131	顔にどろをぬる	はじをかかせて、体面を傷つける。
132	一目置く	相手が自分よりすぐれていることを認めて、敬う。

上の言葉を使って文を完成させましょう。

ア 祖母は、**顔が**（　　　）ので、町を歩いていると、しょっちゅういろいろな人に声をかけられる。

イ 父の**顔が**（　　　）農園で、特別にいちごがりをさせてもらった。

ウ 兄は、先生も家族も（　　　）**置く**努力家だ。

エ 親の**顔に**（　　　）**をぬる**ようなことはするな。

オ 幼いころからたくさん世話になってきた祖母には、**頭が**（　　　）。

カ 毎日復習を欠かさない姉には、**頭が**（　　　）。

答えは 178～179ページ

	言葉	意味
133	目が高い	よいものを見定める力がある。
134	目にもの見せる	（ひどい目にあわせて）思い知らせる。
135	目をこらす	注意してよく見ようとする。
136	目を皿のようにする	注意して見ようとして、目を大きく開く。
137	目を細める	うれしさやかわいらしく思う気持ちから、ほほえむ。
138	わき目もふらず	他のことに心をうばわれないで、そのことだけに取り組む様子。

上の言葉を使って文を完成させましょう。

ア 落としたコンタクトレンズを、**目を**（　　　）**のようにし**て探した。

イ これまで一度も勝っていないあのチームに、次こそ**目に**（　　　）**見せ**てやろうと思う。

ウ 老人が、孫のかわいいしぐさに**目を**（　　　）。

エ この絵画を選ぶとは、とても**目が**（　　　）。

オ 兄は、（　　　）**もふらず**に駅まで走った。

カ 暗がりの中でじっと**目を**（　　　）と、かすかに動く人かげが見えた。

176ページの答え
ア—そわそわ　イ—なみなみ　ウ—せかせか　エ—助け船（たすけぶね）
オ—四方八方（しほうはっぽう）　カ—再び（ふたたび）

番号	言葉	意味
139	目がない	とても好きである。
140	目と鼻の先	すぐ近くにあること。
141	目のかたき	何かにつけて、にくく思う相手。
142	寝耳に水	急に思いがけないことが起こり、非常におどろくこと。
143	耳が痛い	自分の欠点や弱点を言われて、聞くのがつらい。
144	耳をそばだてる	意識を集中して、よく聞こうとする。

上の言葉を使って文を完成させましょう。

ア 妹は、あまいものには**目が**（　　　）。

イ となりの犬は、なぜかわたしを**目の**（　　　）にしているようで、いつもほえてくる。

ウ よく考えずに行動するから失敗するのだと言われ、**耳が**（　　　）。

エ あやしい物音に、**耳を**（　　　）。

オ ここから駅までは、**目と**（　　　）だ。

カ そろばん教室の先生が今年いっぱいでやめるなんて、**寝耳に**（　　　）の話で、とても残念だ。

答えは 180～181ページ

177ページの答え
ア―広い（ひろい）　イ―きく　ウ―一目（いちもく）　エ―どろ
オ―上がらない（あがらない）　カ―下がる（さがる）

	言葉	意味
145	耳を疑う	あまりに意外なことを聞いて、聞きちがいだと思う。
146	耳をそろえる	必要な金額の全部を用意する。
147	鼻であしらう	相手を軽く見て、いい加減な態度で応対する。
148	鼻にかける	じまんして、得意になる。
149	鼻につく	あきあきして、いやになる。
150	鼻を明かす	（自分より強い相手などを）出しぬいて、びっくりさせる。

上の言葉を使って文を完成させましょう。

ア　借金を、（　　　　）**をそろえて**どうにか返した。

イ　友人が、めずらしい種類の熱帯魚を飼っていることを、何かと**鼻に**（　　　　）のが気にくわない。

ウ　店員の必要以上にていねいな言葉づかいが、どうも**鼻に**（　　　　）。

エ　有名選手のとつ然の引退宣言に、**耳を**（　　　　）。

オ　うでずもうの強い兄は、ぼくがうでずもうをしようと言っても、**鼻で**（　　　　）ばかりだ。

カ　難しいわざを決めて、対戦相手の**鼻を**（　　　　）。

178ページの答え
ア―皿（さら）　イ―もの　ウ―細める（ほそめる）　エ―高い（たかい）
オ―わき目（わきめ）　カ―こらす

	言葉	意味
151	開いた口がふさがらない	びっくりしたり、あきれたりして、口を開けたままぽかんとする。
152	口がすべる	言ってはならないことを、うっかり言ってしまう。
153	口を切る	いちばん初めに話し始める。
154	口をはさむ	人が話をしている間に割りこんで、しゃべる。
155	かたを落とす	がっかりして、気力をなくす。
156	首を長くする	今か今かと待つ。待ちこがれる。

上の言葉を使って文を完成させましょう。

ア 開会に当たり、まず司会者が**口を**（　　　）。

イ うっかり**口が**（　　　）ようなことがないように、その場ではおとなしくしていた。

ウ 砂はまにごみを捨てていく人がいるなんて、**開いた口が**（　　　）。

エ 妹は、人の話によく**口を**（　　　）。

オ 寒さが厳しい土地なので、人々は毎年、春が来るのを（　　　）**を長くし**て待っている。

カ 決勝戦で敗れた選手が、（　　　）**を落とし**た。

答えは 182～183ページ

179ページの答え
ア―ない　イ―かたき　ウ―痛い（いたい）　エ―そばだてる
オ―鼻の先（はなのさき）　カ―水（みず）

	言葉	意味
157	うでが鳴る	自分の才能や実力を表したくて、じっとしていられない。
158	うでを上げる	うで前や技術などを上達させる。上手になる。
159	腹が黒い	ずるくて、心の中に悪い考えをもっている。
160	腹の虫がおさまらない	腹が立って、がまんができない。
161	腹を決める	決心する。かくごする。
162	腹を割る	本心を打ち明ける。

上の言葉を使って文を完成させましょう。

ア 相談に乗るふりをして、人をだまそうとたくらむなんて、全く**腹が**（　　）人だ。

イ おたがいに相手を信用せず、決して**腹を**（　　）ことのない関係が続いている。

ウ 失礼な言葉に、（　　）**がおさまらない。**

エ 母は、さらに料理の**うでを**（　　）ために、料理教室へ通っている。

オ 児童会長に立候補しようと、**腹を**（　　）。

カ ライバルとの対戦を前に、**うでが**（　　）。

	言葉	意味
163	足が出る	費用が予算よりも多くかかって、お金が足りなくなる。赤字になる。
164	足を運ぶ	わざわざ訪ねていく。
165	手にあせをにぎる	見ていて、興奮したり、きんちょうしたりする。
166	手に余る	自分の力ではどうすることもできない。持て余す。
167	手につかない	他のことに気を取られて、物事が落ち着いてできない。
168	手を焼く	うまくあつかえなくて困る。てこずる。

上の言葉を使って文を完成させましょう。

ア 子犬のやんちゃぶりには**手を**（　　　）。

イ 決勝戦では、**手に**（　　　）**をにぎる**大接戦がくり広げられた。

ウ テレビで、新しくできた遊園地に多くの人が**足を**（　　　）様子が報じられた。

エ 明日が発表会だと思うと、何も**手に**（　　　）。

オ ほしい物を全て買うと、手持ちのお金では**足が**（　　　）ので、買うのをやめた。

カ あまりに大変な仕事で、自分の**手に**（　　　）。

答えは 184～185ページ

181ページの答え　ア―切る（きる）　イ―すべる　ウ―ふさがらない　エ―はさむ　オ―首（くび）　カ―かた

	言葉	意味
169	あげ足を取る	人の言葉や言いまちがいを取り上げて、からかったり意地悪く言ったりする。
170	二の足をふむ	決断できないで、行動をためらう。
171	かたずをのむ	どうなることかと、息を止めるようにして、じっと成り行きを見守る。
172	きもがすわる	少しのことではおどろかず、落ち着いている。
173	きもを冷やす	（危ないことがあって）非常におどろく。
174	こしが低い	人に対していばらず、れいぎ正しくふるまう。

上の言葉を使って文を完成させましょう。

ア 暗い道で、スピードを出して走ってきた自転車とぶつかりそうになり、**きもを**（　　　）。

イ 野球チームに入ることに（　　　）**をふむ。**

ウ あの人は、年下に対しても（　　　）**が低い。**

エ 経験をたくさん積んで、**きもが**（　　　）と、さらに新しいことにもちょう戦できる。

オ サッカーのワールドカップの決勝戦を、多くの観客が（　　　）**をのんで**見守った。

カ 人の（　　　）**を取る**ようなことはするな。

182ページの答え
ア―黒い（くろい）　イ―割る（わる）　ウ―腹の虫（はらのむし）
エ―上げる（あげる）　オ―決める（きめる）　カ―鳴る（なる）

	言葉	意味
175	こしをすえる	落ち着いて、じっくり一つのことをする。
176	後ろがみを引かれる	後のことが気になって、思い切ることができない。
177	舌つづみを打つ	（舌を鳴らして食べるくらい）とてもおいしいものを食べる。
178	舌を巻く	ひどく感心する。
179	しりに火がつく	事態が差しせまって、のんびりしていられなくなる。
180	ふに落ちない	納得がいかない。

上の言葉を使って文を完成させましょう。

ア 宿題の期限がせまり、（　　）**に火がついた。**

イ このすばらしい絵が入選しなかったことは、どうも（　　）**に落ちない。**

ウ いっしょに行きたいと泣く妹を残して、（　　）**を引かれる**思いで家を出た。

エ 画家が（　　）**をすえて**、作品制作にかかる。

オ 見事なできばえに、だれもが（　　）**を巻く。**

カ 山の幸や海の幸をたくさん使ったごちそうに、（　　）**を打った。**

答えは 186〜187ページ

183ページの答え　ア—焼く（やく）　イ—あせ　ウ—運ぶ（はこぶ）　エ—つかない　オ—出る（でる）　カ—余る（あまる）

自然の言葉

80 山の言葉

【尾根】山頂と山頂をつなぐ、高くそびた所の連なり。

【ふもと】山の下のほう。山のすそ。

【みね】山のいちばん高い所。山の頂上。

【山あい】山と山との間。

【山はだ】土や岩がむき出しになっている、山の表面。

学習日　月　日（　）

184ページの答え
ア―冷やす（ひやす）　イ―二の足（にのあし）　ウ―こし　エ―すわる
オ―かたず　カ―あげ足（あげあし）

81 大気汚染

工場から出るけむりや自動車の排気ガスなどにふくまれる有害物質によって、空気がよごされること。

82 オゾンホール

太陽から届く有害な紫外線から地球を守るオゾン層が、穴があいたようになり、オゾンの量が少なくなること。主な原因は、フロンガスなどの化学物質。

83 ヒートアイランド現象

都市の気温が周囲に比べて高くなる現象。工場や自動車、エアコンなど、人々の暮らしから出る「人工熱」の増加や、緑地が少ないことなどが原因として考えられている。

84 エルニーニョ現象

南アメリカのペルー沖から太平洋の赤道付近の広い海域にかけて、数年に一度、海水の温度が平年に比べて上がる現象。これが原因で、世界で干ばつ・大雨・熱波などの異常気象が起こる。

85 ラニーニャ現象

エルニーニョ現象が起こる海域と同じ海域で、海水の温度が平年に比べて下がる現象。

86 地球温暖化

石炭や石油を使うことで発生する二酸化炭素や、メタンガス、フロンガスなどの温室効果ガスが増加したために、地球の気温が上がる現象。

185ページの答え　ア―しり　イ―ふ　ウ―後ろがみ（うしろがみ）　エ―こし　オ―舌（した）　カ―舌つづみ（したつづみ）

	言葉	意味
181	背に腹はかえられない	差しせまったことのためには、他のことがぎせいになるのもしかたがない。
182	つめに火をともす	非常に節約したり、けちけちしたりする。または、非常に貧しい生活をする。
183	歯にきぬ着せぬ	思っていることを、そのままはっきりと言う。
184	骨を折る	一生けん命働く。または、人のために努力する。
185	身を粉にする	苦労をいやがらないで、一生けん命働く。
186	馬が合う	たがいに気が合う。

上の言葉を使って文を完成させましょう。

ア 食費や光熱費を切りつめて、（　　）**に火をともす**ような生活をして、学費をためる。

イ 学級委員は、賛成派と反対派の意見を取りまとめるのに、（　　）**を折った**。

ウ かれと私は、みょうに（　　）**が合う**。

エ 事業の成功のために、**身を**（　　）**にして**働く。

オ 薬は苦手だが、あまりに頭が痛いので、**背に**（　　）**はかえられない**と思って飲んだ。

カ その議員は**歯に**（　　）**着せぬ**物言いをする。

	言葉	意味
187	しり馬に乗る	よく考えもせずに、人の後について行動する。
188	すずめのなみだ	非常に少ないこと。
189	竹を割ったよう	性質がさっぱりしている様子。
190	苦虫をかみつぶしたよう	非常にきげんの悪い顔つきをしている様子。
191	根に持つ	うらみの気持ちをいつまでも忘れないでいる。
192	根ほり葉ほり	細かいことまで残らず。

上の言葉を使って文を完成させましょう。

ア 山本さんは（　　　）を割ったような性格だ。

イ 家族構成や住所まで根ほり（　　　）聞かれたが、答えなかった。

ウ 兄は、三年前に私が約束を破ったことを、いまだに（　　　）に持っている。

エ 人の（　　　）に乗って、文句を言う。

オ おこづかいは、すずめの（　　　）ほどの額だ。

カ あと少しのところで優勝をのがしたかんとくは、（　　　）をかみつぶしたような顔をしていた。

答えは 190〜191ページ

名前の言葉
動き・様子の言葉
表現を豊かにする言葉

193 194 195 196 197 198

言葉	意味
気心が知れる	その人の本来の気持ちや考え方がわかっている。
気を配る	失敗がないように、いろいろと細かい点にまで注意をはらう。
根も葉もない	何の理由もよりどころもない。
虫がいい	自分に都合のいいようにばかり考えていて、ずうずうしい。
虫が知らせる	前もって何となく感じる。予感がする。
虫が好かない	何となく気に入らない。

上の言葉を使って文を完成させましょう。

ア 親しい人がなくなるときには、**虫が**（　　　　）ようなこともあるらしい。

イ （　　　　）**が知れ**た友達といっしょに旅行する。

ウ 面どうなことは全て他の人にさせようなんて、**虫が**（　　　　）話だ。

エ みんなが楽しめるように、**気を**（　　　　）。

オ あの人のことは、どうも**虫が**（　　　　）。

カ 学校内に（　　　　）**も葉もない**うわさが立ち、先生から、軽々しく信じないようにと注意があった。

188ページの答え　ア―つめ　イ―骨（ほね）　ウ―馬（うま）　エ―粉（こ）　オ―腹（はら）　カ―きぬ

	言葉	意味
199	たががゆるむ	きん張がゆるんで、しまりがなくなる。
200	立て板に水	（立てかけてある板に水を流すように）つかえないですらすらと話す様子。
201	水に流す	過去にあった争いごとなどをなかったことにして、こだわらないようにする。
202	水のあわ	今までの努力や苦心が、むだになること。
203	水を打ったよう	その場にいるたくさんの人々が静まり返っている様子。
204	水を差す	せっかくうまくいっている仲や物事を、そばでじゃまをして、うまくいかないようにする。

上の言葉を使って文を完成させましょう。

ア 友人の裏切りを、**水に**（　　　）ことにした。

イ 週末になったので、つい（　　　）**がゆるんで**夜ふかししてしまった。

ウ 講演会場は、**水を**（　　　）**よう**にしんとした。

エ 司会者の話しぶりは、（　　　）**に水**だった。

オ 両国の友好な関係に**水を**（　　　）ような事件が起こった。

カ たった一度の失敗で、これまでの努力が**水の**（　　　）になってしまった。

答えは 192〜193ページ

189ページの答え

ア—竹（たけ）　イ—葉ほり（はほり）　ウ—根（ね）　エ—しり馬（しりうま）　オ—なみだ　カ—苦虫（にがむし）

	言葉	意味
205	息を殺す	相手に気づかれないように、呼吸をおさえてじっとしている。
206	息をのむ	おどろいて、思わず息を止める。
207	おしげもなく	おしいと思う気持ちもなく。気前よく。
208	気をもむ	あれこれ心配して、いらいらする。やきもきする。
209	心をくだく	いろいろと心配する。気をつかう。
210	湯水のように使う	お金などを、湯や水を使うように気前よくどんどん使う。

上の言葉を使って文を完成させましょう。

ア 新しいバッグを（　　　）**もなく**妹にあげる。

イ 税金を（　　　）**のように使って**建てられた国立の競技場が問題になる。

ウ 栄養士は、食事の栄養のバランスを考えるなど、選手の健康に（　　　）**をくだいて**いる。

エ ライオンが**息を**（　　　）ようにして、岩のかげからえものをねらっている。

オ **息を**（　　　）ほどの美しい夕日を見た。

カ 徒競走で弟が転ばないか、（　　　）**をもんだ**。

190ページの答え　ア—知らせる（しらせる）　イ—気心（きごころ）　ウ—いい　エ—配る（くばる）　オ—好かない（すかない）　カ—根（ね）

番号	言葉	意味
211	しゃくにさわる	物事が気に入らなくて、おこらずにはいられない気持ちになる。
212	底をつく	たくわえていたものが、完全になくなる。
213	たいこばんをおす	確かにまちがいないと、責任をもってうけ合う。
214	ばつが悪い	その場にいるのがはずかしくて、気まずい。
215	日が浅い	物事を始めてから、あまり日がたっていない。
216	ひと息入れる	ひと休みする。

上の言葉を使って文を完成させましょう。

ア スイミングスクールに通い始めてから**日が**（　　）ので、まだうまくは泳げない。

イ 妹の生意気な態度が（　　）**にさわる。**

ウ 片付けの合間に、お茶を飲んで（　　）**入れる。**

エ その店の味のよさは、多くの料理評論家も（　　）**をおす**ほどだ。

オ 入学式に一人だけちこくして、（　　）**が悪い**思いをした。

カ 望遠鏡を買ったら、貯金が（　　）**をつい**た。

答えは194〜195ページ

191ページの答え　ア—流す（ながす）　イ—たが　ウ—打った（うった）　エ—立て板（たていた）　オ—差す（さす）　カ—あわ

	言葉	意味
217	後の祭り	もう終わってしまい、手おくれでどうにもならないこと。
218	油を売る	むだ話などをして、時間をつぶしたりなまけたりする。
219	油をしぼる	あやまちや失敗を、厳しくしかる。
220	やっきになる	あせって、むきになる。
221	わらにもすがる	追いつめられて困ったときに、たよりにならないものでもたよりにしようとする。
222	我に返る	物事に熱中していた人が、いつもの状態にもどる。正気に返る。

上の言葉を使って文を完成させましょう。

ア 宿題を三日続けて忘れて、先生にこってりと（　　）**をしぼられた。**

イ 少しでもいい点を取ろうと（　　）**になる。**

ウ 今になってくやんでも、**後の**（　　）だ。

エ 試合の興奮から冷めて、（　　）**に返る。**

オ みんながいそがしく働いているのに、おしゃべりばかりして**油を**（　　）な。

カ 私にまでたのみごとをするなんて、姉は（　　）**にもすがる**思いなのだろう。

192ページの答え　ア―おしげ　イ―湯水（ゆみず）　ウ―心（こころ）　エ―殺す（ころす）　オ―のむ　カ―気（き）

	言葉	意味
223	あわを食(く)う	とつ然(ぜん)のことに、おどろきあわてる。
224	お茶(ちゃ)をにごす	いい加減(かげん)なことを言(い)ったり、したりして、その場(ば)をごまかす。
225	折(お)り紙(がみ)をつける	品物(しなもの)や人物(じんぶつ)について、すぐれていると保証(ほしょう)する。
226	角(かど)が立(た)つ	おだやかでない態度(たいど)・やり方(かた)によって、人(ひと)との関係(かんけい)がとげとげしくなる。
227	かぶとをぬぐ	相手(あいて)の力(ちから)を認(みと)めて、降参(こうさん)する。負(ま)ける。
228	気(き)にやむ	心配(しんぱい)して、くよくよなやむ。

上(うえ)の言葉(ことば)を使(つか)って文(ぶん)を完成(かんせい)させましょう。

ア 過去(かこ)の失敗(しっぱい)をいつまでも（　　　）にやむ。

イ そんなきつい言(い)い方(かた)では（　　　）が立(た)つ。

ウ 急(きゅう)に非常(ひじょう)ベルが鳴(な)り、辺(あた)りがさわがしくなったので、（　　　）を食(く)って建物(たてもの)の外(そと)へ飛(と)び出(だ)した。

エ 先生(せんせい)が（　　　）をつけるほどの実力(じつりょく)の持(も)ち主(ぬし)。

オ その場(ば)で結論(けつろん)を出(だ)すように求(もと)められたが、すぐには決(き)められず、（　　　）をにごした。

カ 友人(ゆうじん)との実力(じつりょく)の差(さ)がはっきりしているので、ぼくは（　　　）をぬいで、友人(ゆうじん)を応(おう)えんすることにた。

答えは 196〜197ページ

193ページの答え ア―浅い（あさい） イ―しゃく ウ―ひと息（ひといき） エ―たいこばん オ―ばつ カ―底（そこ）

番号	言葉	意味
229	くぎをさす	まちがいのないように、前もって強く言いわたしておく。
230	けがの功名	失敗だと思ったことや、何気なくしたことが、思いがけずよい結果を生むこと。
231	けむに巻く	大げさなことや思いもよらないことを言い立てて、相手をごまかす。
232	けりがつく	決着がつく。終わりになる。
233	ごまをする	自分の立場をよくしたり利益を得たりするために、人のきげんを取る。
234	さじを投げる	見こみがないとあきらめる。

上の言葉を使って文を完成させましょう。

ア 国民を（　　）**に巻く**ような発言をくり返していた政治家が、今回の選挙で落選した。

イ 上司に（　　）**をすって**出世しようとする。

ウ 最高裁判所で判決が下り、長年続いた裁判にようやく（　　）**がついた**。

エ 問題が難しすぎて、ついに（　　）**を投げた**。

オ 塩とまちがえてうっかり砂糖を入れてしまったが、**けがの**（　　）で、おいしくなった。

カ だれにも言うなと弟に（　　）**をさす**。

194ページの答え
ア—油（あぶら）　イ—やっき　ウ—祭り（まつり）　エ—我（われ）　オ—売る（うる）　カ わら

番号	言葉	意味
235	しのぎをけずる	激しく争う。
236	しびれを切らす	待ちくたびれて、がまんができなくなる。
237	図に乗る	物事が自分の思いどおりになって、いい気になる。つけ上がる。
238	せきを切る	それまでおさえられていたものが、一度に激しい勢いであふれ出る。
239	高をくくる	大したことはないだろうと軽く見る。
240	たなに上げる	問題としないでおく。不都合なことにはふれずにおく。

上の言葉を使って文を完成させましょう。

ア 弱小チームだと（　　）**をくくって**いた相手に、試合で負けてしまった。

イ 選挙戦で、二つの政党が（　　）**をけずる。**

ウ 自分の落ち度を（　　）**に上げ**て、人のことを責めるのはよくない。

エ 友達からの電話を待っていたが、かかってこないので、（　　）**を切らし**て自分からかけた。

オ 弟は、ほめられるとすぐ（　　）**に乗る。**

カ 友人は、（　　）**を切っ**たように話し始めた。

答えは 198～199ページ

195ページの答え　ア―気（き）　イ―角（かど）　ウ―あわ　エ―折り紙（おりがみ）　オ―お茶（おちゃ）　カ―かぶと

番号	言葉	意味
241	手塩にかける	自分で世話をして、大切に育てる。
242	取りつく島もない	話しかけることもできないほど、相手の態度が冷たい。
243	二のまいを演じる	他の人と同じ失敗を、自分もしてしまう。
244	音を上げる	つらくて降参する。弱音をはく。
245	針のむしろ	一時も気の休まらない、つらい場所や状態。
246	火に油を注ぐ	勢いのあるものを、いっそう勢いづける。

上の言葉を使って文を完成させましょう。

ア 練習のあまりの厳しさに（　　　）**を上げる。**

イ 国民の政治不信に、**火に**（　　　）**を注ぐ**ような事件が起こった。

ウ みんなから不注意を責められて、（　　　）**の****むしろ**にすわるような思いだった。

エ これは、父が（　　　）**にかけ**て育てたばらだ。

オ 友人に謝ろうとしたが、（　　　）**もなかった。**

カ 確認不足でバスに乗りおくれた兄の（　　　）**を演じる**ことのないよう、事前に時刻表で確かめた。

196ページの答え　ア―けむ　イ―ごま　ウ―けり　エ―さじ　オ―功名（こうみょう）　カ―くぎ

	言葉	意味
247	非の打ち所がない	欠点が全くない。完全である。
248	的を射る	要点や本質を正確にとらえる。
249	横車をおす	（横に車をおすように）筋の通らないことを無理におし通す。
250	横やりを入れる	自分には関係のない話に、わきから口出ししてじゃまをする。
251	らちが明かない	物事がはかどらない。決着がつかない。
252	輪をかける	物事の程度をさらに激しくする。

上の言葉を使って文を完成させましょう。

ア 電話で話すだけでは（　　）が明かない。

イ 多数決で決まった案に部長が（　　）をおして反対し、取りやめになった。

ウ 姉は、母に（　　）をかけたおしゃべりだ。

エ あの先生は、どんな質問に対しても（　　）を射た答えを返してくれる。

オ 勉強も運動もよくでき、非の（　　）がない。

カ 当事者どうしの話し合いに別の人が（　　）を入れたので、話がまとまらなくなってしまった。

答えは200〜201ページ

197ページの答え　ア—高（たか）　イ—しのぎ　ウ—たな　エ—しびれ　オ—図（ず）　カ—せき

体と衣服の言葉

87 顔の言葉

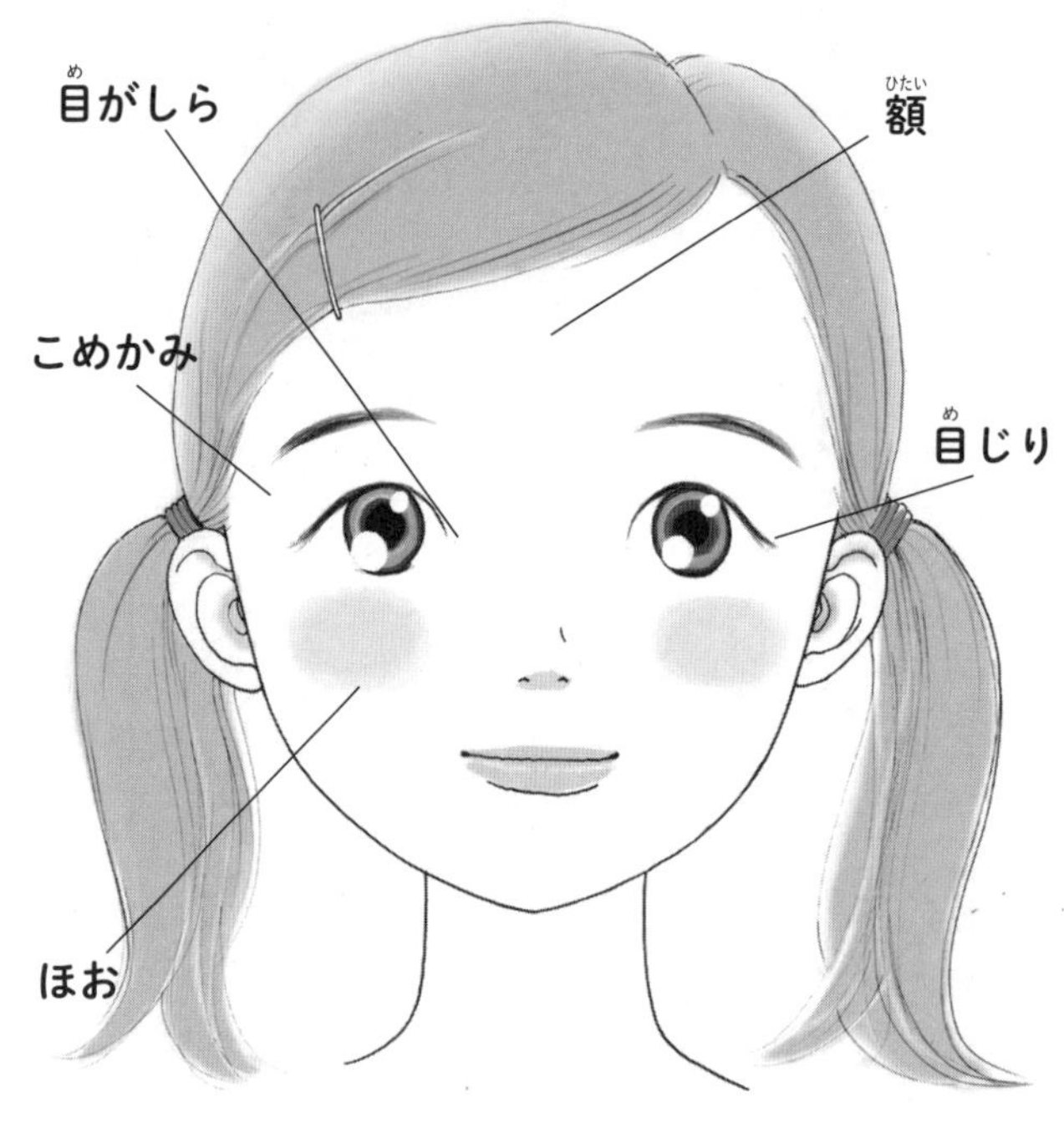

88 足の言葉

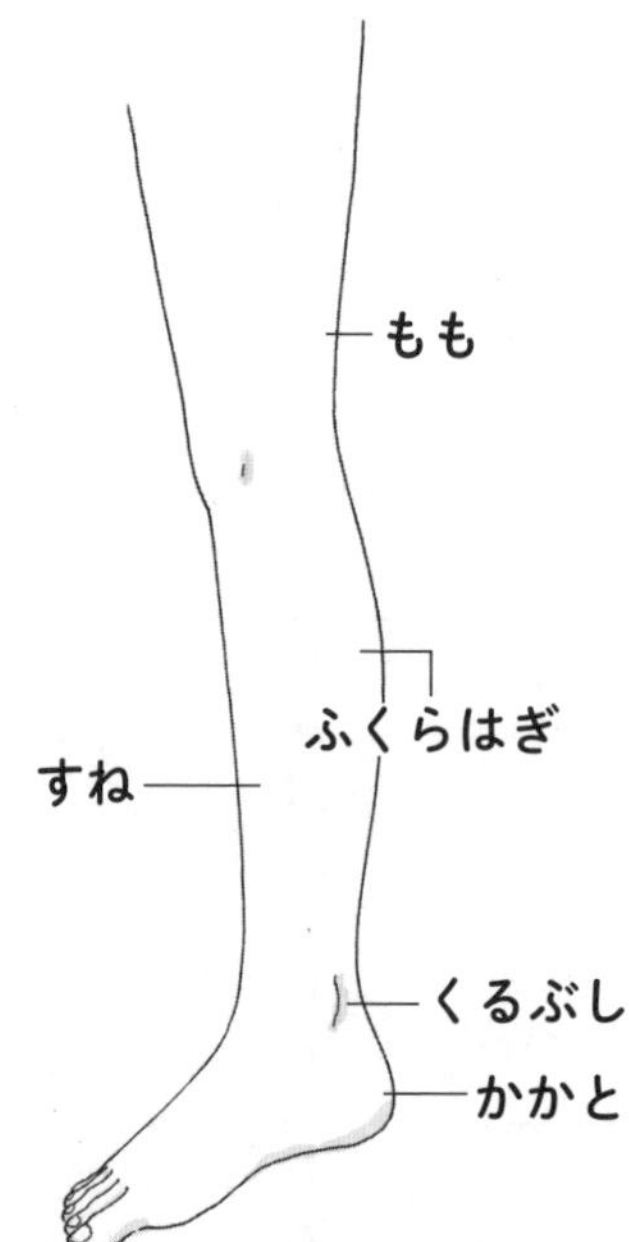

学習日

月　日（　）

198ページの答え　ア―音（ね）　イ―油（あぶら）　ウ―針（はり）　エ―手塩（てしお）　オ―取りつく島（とりつくしま）　カ―二のまい（にのまい）

89 衣服の言葉

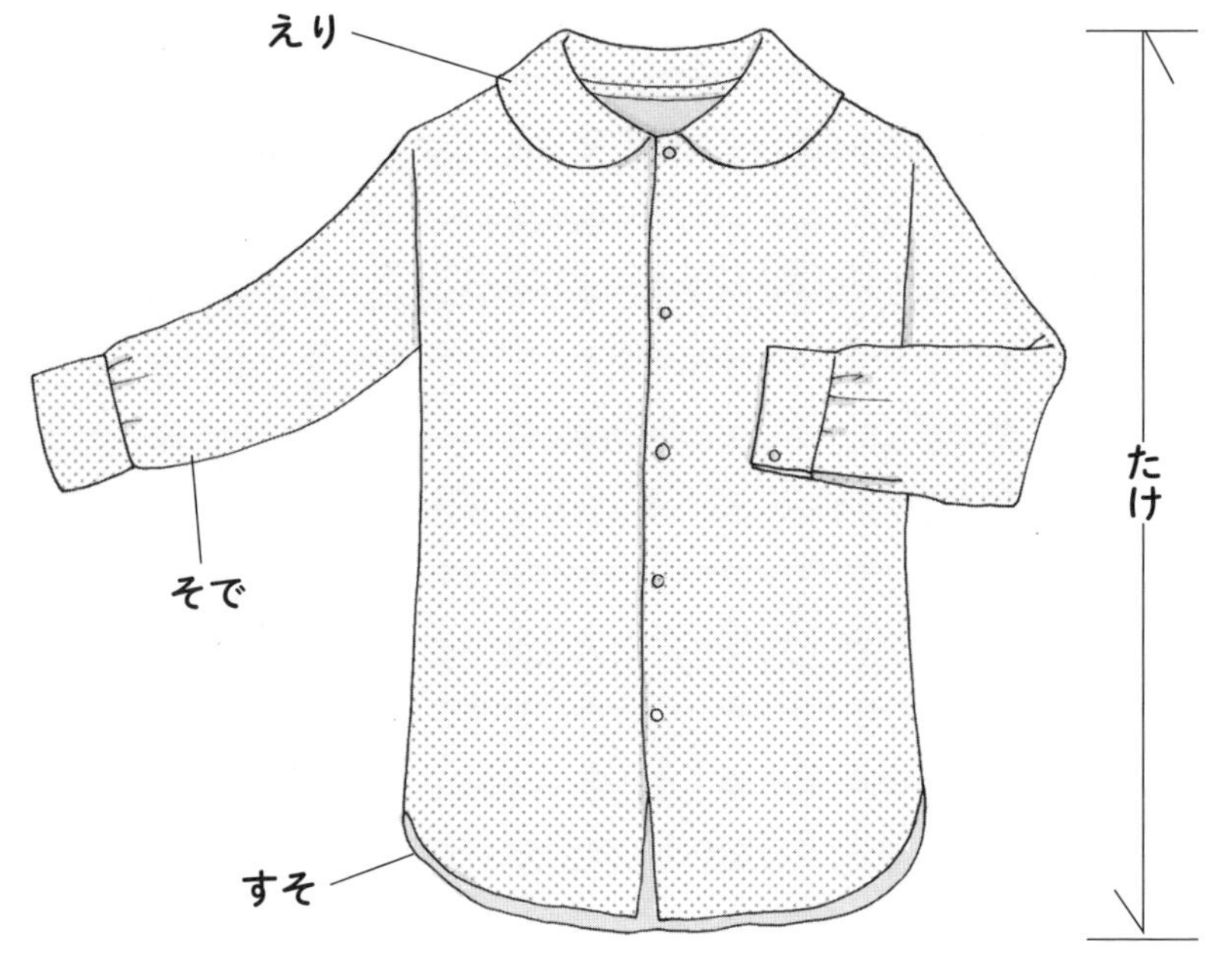

90 羽織

着物の上に着る、短い上着。前をひもで結ぶ。

91 はかま

着物の上からはいて、こしから足までをおおう、ひだのある衣服。

92 半てん

羽織に似た和服の上着。裏地が付いており、防寒具として着用する。

199ページの答え　ア―らち　イ―横車（よこぐるま）　ウ―輪（わ）　エ―的（まと）　オ―打ち所（うちどころ）　カ―横やり（よこやり）

さくいん

あ行

さ行

さ

し

す

せ

た行

な行

監修者紹介

中学受験専門塾　アクセス

神奈川県に拠点を置く学習塾。小学生を対象とした中学受験指導を専門に行っている。「基本と応用・知識と思考・理解と表現の両立」を目指し、ベテランの専任講師陣による質の高い授業を実践している。個人個人に対応したきめ細かい指導には定評があり、学習姿勢の定着とともに、高い合格実績へとつながっている。また、独自に開発した教材も、全国から問い合わせがくるなどの高い評価を得ている。

ホームページアドレス　https://j-acc.co.jp/

●編集協力：(株)学研イーピーオー／(株)奎文館／島田早苗／田中裕子／
(有)バンティアン／野村俊二／宮崎史子／米田友里子
鈴木瑞穂
●本文・カバーデザイン：ライカンスロープ デザインラボ（武本勝利）
●本文・カバーイラスト：おおたきょうこ
●コラムイラスト：阿留多・中島万璃
●DTP：(株) 明昌堂　管理コード：22-2031-2839

読者アンケートのお願い

本書に関するアンケートにご協力ください。
下のコードかURLからアクセスし、以下のアンケート番号を入力してご回答ください。当事業部に届いたものの中から抽選で年間200名様に、「図書カードネットギフト」500円分をプレゼントいたします。

アンケート番号：305762

https://ieben.gakken.jp/qr/kotoba1100/

①